관해觀海

관해
觀海

김동원 시집

그루

시인의 말

내 바다는 바다란 말로 다 담을 수 없다. 내 바다는 바다 위에 떨어진 겨울 폭설이다. 내 바다는 실재이자 허구이다. 내 바다는 오직 마음속에 머물 뿐이다. 내 바다가 바다인 것은, 바다 밖이 비었기 때문이다. 내 바다는 육지보다 더 슬프다. 내 바다는 바다란 말 바깥에 있다. 내 바다는 물의 의경意經 속에 신神이 거한다.

2024년 여름
무학산 시락당詩樂堂에서

 차례

시인의 말　5

시와 사유 · 하나　9

제1부 **바다와 시니피앙**

바다와 시니피앙 13 / 장미와 수평선 14 / 시뮬라크르 15 / 수귀水鬼 16 / 섬과 수화 17 / 노을 irony 18 / 하우필夏雨筆 19

시와 사유 · 두울　21

제2부 **세월처歲月處**

세월처歲月處 25 / 격발 26 / 비괘否卦 27 / 탁설鐸舌 28 / 월아천月牙川 29 / 고래와 시詩 30 / 지심도 31

시와 사유 · 세엣　33

제3부 **꼽추 누이**

꼽추 누이 37 / 흐렁 흐렁 흐렁 38 / 범종 39 / 집어등集魚燈 40 / 날치 42 / 작부酌婦 43

시와 사유 · 네엣 45

제4부 **찐빵과 미역**

찐빵과 미역 49 / 흉중 50 / 축산항 오징어 이야기 54 / 고래불해수욕장 56 / 대진항 해녀 58 / 창포항 문어잡이 60

시와 사유 · 다섯 63

제5부 **동백꽃 모가지**

동백꽃 모가지 67 / 한라산 68 / 다랑쉬오름 70 / 비진도 71 / 울릉도 72 / 보리암 74

자전 해설

『관해觀海』 독법 77

시와 사유 · 하나

  비트겐슈타인의 그림 이론 관점에서 보면, 언어의 기능이란 보여줄 수 있는 세계를 정확히 보여주는 것이다. 이는 다시 말하면 언어를 정확히 사용하면 그에 해당하는 세계를 정확히 설명할 수 있다는 뜻이다. 그렇다면 언어를 통해 알 수 없는 세계는 보여줄 수 없는 세계가 된다. 이 점에서 "언어의 한계는 즉 세계의 한계"라는 것이다. 이때 언어의 세계와 사실의 세계가 정확히 일치한다면 그것이 바로 진리라는 것이다. 왜냐하면 언어는 사실을 왜곡시키지 않기 때문이다. 사실을 왜곡시키는 것은 언어를 잘못 사용하는 사람이지, 언어가 갖고 있는 그 의미 자체는 사실을 왜곡시킬 수 없다는 것이다. 그렇기 때문에 언어를 통해서 진리를 찾을 수 있다는 것이다. "언어로 그릴 수 있는 세계는 정확히 그리고, 그릴 수 없는 세계에 대해서는 침묵하라"는 비트겐슈타인의 명언은 기존 철학의 문제에 대한 그의 진단과 처방이다. 지금까지 형이상학적 문제가 하나도 해결되지 않은 것은 잘못된 언어 사용 때문이라는 것이 진단이요, 말할 수 없는 것에는 침묵해야 한다는 것이 처방전이다. 기존 철학의 문제는 말할 수 없는 것들을 억지로 말하려고 했기 때문에 혼란과 거짓에 빠졌다는 것이다. 그래서 그릴 수 없는 세계, 말할 수 없는 세계에 대해서는 침묵하라고 했던 것이다.

김홍일, 『비트겐슈타인의 언어 철학』 상권

제1부

바다와 시니피앙

바다와 시니피앙

 숨을 깊이 들이쉬고, 그는 계속해서 물속으로 들어간다. 한 마리 물고기가 되어, 아래로 아래로 헤엄쳐 내려간다. 물은 물의 은유다. 바다는 문門이 없고, 있다. 바다의 깊이는 질문이다. 오, 지우는 방식으로 채우는 바다여! 바다는 거울을 보지 않는다. 바다는 생각을 생각하지 않는다. 바다는 노을을 버리고 주체가 된다. 바다는 바다일 때만 나비가 된다.

장미와 수평선

장미가 그 남자와 키스를 했을 때

왜 바다가 눈물을 흘렸을까

돌아선 모래 벌 위에서

그녀와 난 온몸으로 소나비를 맞았네

거들을 내렸을 때, 붉은 꽃잎은

빗물에 설레었네

수평선 그 너머로 섬은 지고 있었네

아, 그 남자가 장미와 키스를 했을 때

왜 바다는 눈물을 그렇게 흘렸을까

시뮬라크르

바다의 입술은 위선적이다

라고 했다가, 바다란 말은 더 폭력적이다라고 고친다

미친놈!

말할 수 없는 것에는 침묵할 것

비트겐슈타인이라고

썼다가, 바다는 언어를 가리고 언어로 핀다

다시 바다는,

바다의 몸은 관점의 차이라고 썼다가

들뢰즈에게 들켜, 닮은 것은 모두 사기꾼이라고 적는다

수귀 水鬼

저 팔 없는 꽃들, 목 없는 꽃들, 찢긴 얼굴들

아 아, 아아, 아아아, 비명, 비명, 비명들!

무방비로 떨어지네 남해 붉은 수평선에 쏟아지네

욕지도 떠나 만난 노을 퍼먹다 알았네

으악, 으악, 으악, 으악, 으악!

꽃들의 모가지 뒤틀리는 소리 들었네

바다 복판 빠져 죽은 그 여자 보였네

갑판 위에도 펄럭이는 허공 위에도

핏빛 얼굴들 거꾸로 거꾸로 마구 꽂히네

섬과 수화

 슬픈 귀머거리는 슬픈 그림자가 있네. 그 아침 동백꽃에게 다가가, 그녀는 붉은 손가락을 펴 무어라 혼자 수화를 하네. 바람과 바람 사이, 꽃잎의 입술을 더듬네. 그 순간, 바다가 들썩였네. 막힌 울대에서 이상한 물 울음소리를 냈네. 슬픈 귀머거리는 슬픈 그림자가 있네. 손끝에서 우는 슬픈 섬이 있네.

노을 irony

 오, 장님 언어여, 더듬어라! 그 부조리를, 그 신음을 은폐하라. 들리는 곳으로 번지거라. 이상하구나, 여자여! 매화가 피더니 한강에 남자가 뛰어들고, 폭설이 내리니 차가 굴러 저승으로 줄줄이 들어가네. 흉흉하여라. 아편을 물고 모란이 꽃대를 뺄고, 허공이 작대기로 노을 불을 붙이고 있구나. 아이고! 죽은 아이들 눈깔을 독수리가 파먹네. 불이 뚝 뚝 그 바다 위에 떨어지네. 이상하구나. 어제는 태양의 흑점이 끓더니, 오늘은 밤하늘 위에서 남자가 꽃 피네. 잘했다. 그래, 자알했다, 인간들아!

하우필 夏雨筆

가는 빗줄기 섬 사이 초서草書로 번지고

미조 모랫벌 걷는 우산 쓴

저 여인의 치마 속 파도 소리

아흐! 낮술 서너 잔, 남자의 붉은 낙관

시와 사유 · 두울

道可道도가도, 非常道비상도; 名可名명가명, 非常名비상명. 無名무명, 天地之始천지지시; 有名유명, 萬物之母만물지모. 故常無欲以觀其妙고상무욕이관기묘, 常有欲以觀其徼상유욕이관기교. 此兩者同차양자동, 出而異名출이이명. 同謂之玄동위지현, 玄之又玄현지우현, 衆妙之門중묘지문.

도를 도라고 말하면 그것은 늘 그러한 도가 아니다. 이름을 이름 지으면 그것은 늘 그러한 이름이 아니다. 이름이 없는 것을 천지의 처음이라 하고 이름이 있는 것을 만물의 어미라 한다. 그러므로 늘 욕심이 없으면 그 묘함을 보고 늘 욕심이 있으면 그 가생이를 본다. 그런데 이 둘은 같은 것이다. 사람의 앎으로 나와서 이름만 달리했을 뿐이다. 그 같음을 일컬어 가믈타고 한다. 가믈코 또 가믈토다! 뭇 묘함이 모두 이 문에서 나오는도다!

도올 김용옥, 『노자가 옳았다』(2020, 통나무) p.12~13 중에서

제 2 부

세월처 歲月處

세월처歲月處

 좀 들어 보라 카이. 의미 그거 다 쓸데없는 기라. 코에 걸면 코걸이 귀에 걸면 귀걸이 아이가. 바람 불면 꽃 쪽으로 달빛 나오면 댓잎으로, 간들간들 사운대다 가는 게 인생 아이가. 그래, 그기라니까. 말도 안 되는 기 말 되는 기라니까. 그래, 그래, 반쯤 술에 취해 그렇게 놀다 서산으로 번지는 기라. 한 백 년 서로 얽히고설키고 뜯어먹다 가는 기라. 좀, 좀 들어 보라 카이. 안 보이는 거 보이도록 하는 기 시詩 아이가. 막히면 죽고 뚫리면 사는 거 연놈들 이치 아이가. 쓱 쓱 허공에 썼다가, 쓱 쓱 쓱 지우는 거, 그게, 오고 가는 세월처歲月處 아이가!

격발

 그 여자의 무릎에 누워 화경花莖을 들어서야만 했다. 다가서니 형形이 없구나. 하늘에 바람의 두 다리가 걸려 있다. 그렇게 번지거라, 붉은 언어여! 쪼개지리라. 장미의 격발擊發, 그 피의 흰나비여! 추상은 추상의 거리만큼 아득한 순수. 꽃의 피살, 교활하구나 혀여! 멀어서 낯선 언어여!

비괘 否卦

내 심장 번쩍 칼빛 번개가 내리쳐요

저 바다 폭풍을 건너

무작정 그녀가 밀려 들어왔으니까요

왜 이리 마음이 아플까요

처음부터 그녀 심장에 내가 없었으니까요

그 남자의 눈빛 속에 내 여자의 사랑이

걸어 들어가는 것을 보았으니까요

아, 내 심장 쿵쿵 천둥이 쳐요

그녀의 눈에 내가 보이지 않는다는 것을

내 흐르는 눈물이 다 말해주었으니까요

탁설 鐸舌

 연화도蓮花島 그 어느 해초에도, 귀를 풀 밧줄은 없으리. 번뇌가 불붙는구나, 혀여! 물속 잠겨 귀鬼가 된, 저 풍경 속 헤엄치는 하늘 물고기. 뎅그렁! 뎅그렁! 뎅그렁!

월아천 月牙川

그녀는 모래 무덤을 사랑한다고 끄덕였네

몸 있는 것은 몸 없는 것임을

수만 년 바람길 위에서 배웠네

지운 모든 길은 세운 길 위에 있었네

흉방凶方에 제 뜻을 둘 줄도 알았네

사막 너머 월아月牙가 걸어가는 것을 보았네

길 없는 길 위로 모래는 폭풍을 맞고 있었네

보고 있는 것만으로도, 바람은 바람 밖에서

사라져 버릴 수 있다는 것을 알았네

모래 무덤은 그녀를 사랑한다고 끄덕였네

고래와 시詩

해당화가 노을을 죽일 때, 알아챘어야 했네

그쪽으로 가는 것이 아니었네

목을 그은 붉은 고래여!

언어를 살해하라

그리고, 그리고 모래 벌이여!

노을이 해당화를 죽일 때, 알아챘어야 했네

지심도

그 새벽 모랫벌 위 어둠 속 흰 천 밖으로

삐져나와 있던 서러운 여자 붉은 발목

다음 생에선 새끼발톱에도 꽃 피라 빌어주었지

젖은 머리카락에도 동백꽃 피라고 일러 주었지

시와 사유 · 세엣

　생명 탄생이 바다라는 '미궁의 자궁'을 통해서 가능했다면, 바다 안에서도 섬은 그 '미궁의 자궁'에서 조건 지워진 숙명의 땅이다. 그래서 서양인들은 미지의 섬 아틀란티스Atlantis를 믿어왔으며 '아틀란티스학學'까지 탄생시켰다. 우리에게도 이상향으로서의 섬은 하나의 분명한 대망大望 체계로 등장하였다. 일상의 삶에서 희구하던 이어도나 변혁기에 출현하였던 해도출병설海島出兵說 따위가 그것이다. 유토피아로서의 섬, 이상향으로서의 바다는 아직도 끝나지 않은 화두이다.

　일찍이 천공 우라노스와 대지 가이아 사이에서 태어난 오케아노스Oceanos에서 대양ocean이 비롯되었다. 우리의 창세무가創世巫歌에서도 '천지 암흑하여 하늘과 땅이 가리고 바다가 생겨났다'고 하였다. 문화적 원형질로 볼 때, 바다의 탄생 자체가 신화적이다. 신화적이라 함은 무수한 은유, 끝없는 해석을 가능케 한다는 뜻이다. '위대한 어머니 바다'에서 생명이 태어났고, 모든 생명체의 장엄한 역사가 시작되었다. 오죽하면 철학자 바슐라르(Gaston Louis Pierre Bachelard, 1884~1962, 프랑스 철학자)가 "바다란 어머니이며 바닷물은 그 어머니에게서 나온 기적의 우유"라고 표현하였을까.

주광현, 『관해기觀海記』(2006, 웅진지식하우스) 머리말 중에서

제3부

꼽추 누이

꼽추 누이

천천히 노을빛이 바뀌는 게 다 보였죠

누이는 그 곱사등에 혹등고래를 숨기고 살았죠

나만 보면 까까머리를 쓸어주며

하얀 알사탕을 한 개씩 쥐여 주었죠

밤마다 어느 바다로 가야 할지 몰라

그 누이는 물이 우는 소리를 내었죠

해무海霧가 밀려와 그녀를 감싸기 전까지,

곱사등은 붉은 해를 품고 살았죠

흰 눈이 무너져 내리던 겨울 수평선 위에

누이는 깜박깜박 밤 등댓불 너머

죽어서 슬픈 초승달이 되었죠

흐렁 흐렁 흐렁

아이고, 자가 누고! 복순 아버지, 순돌이네 큰애, 뒷집 허갑이 아제 아이가. 신묘년 오징어잡이 한배 탔다가 몽땅 수장水葬된, 가엾은 가엾은 목숨들. 흐렁 흐렁 흐렁 물 밟고 서성이네. 그래 그래 그래…, 뭍은 무탈하니 훨훨 다 벗고 올라가거래이. 돌아볼 것 없다 카이! 아이고, 이 새벽 뭐 할라꼬 또 흰 수의壽衣 입고 저리들 몰리오노!

범종

목줄이 달렸다 바다 한가운데 그 절집

물고기 화엄 법문 미처 헤아리지 못해

천 길 파도 속 풍경 소리 따라 가버린 고종형

캄캄한 겨울 폭설 범종을 친다

집어등 集魚燈

죽어야 사는 여자가 있었네

그 처녀 바닷물 위를 걷고 있었네

앞집 그 남자 오징어 배 타고 나가

수장된 다음 날,

열아홉 고모는 미쳐 갔네

밀려가는 썰물을 붙잡고

흑, 흑, 흑 맨발로 울던 고모

달빛에 고모는 한없이 모래 벌을 걷고 있었네

긴 머리칼은 늘어뜨린 채,

치렁치렁 검은빛 흔들거린 채,

열아홉 그 고운 고모는

해당화 핀 수평선에 목을 매었네

날치

  한때 그는, 바다의 체제가 평등하다고 믿었다. 돌고래나 만새기에 쫓겨 먹히지 않으려고, 물을 박차고 공중에 뛰어올라 우연히 활강하기 전까지, 그는 한낱 소시민이었다. 솟구쳐 오른 자에게만 보이는 희한한 물 밖 자유 세상.

  더러는 스크럼을 짜고 물의 저항을 거스르며, 푸른 하늘로 날아올랐지만, 쥐도 새도 모르게 군함새가 낚아채었다. 물속이나 물 밖이나 음흉한 것들은, 끼리끼리 눈짓을 건네며, 구석구석 법망을 쳐놓고 먹이를 기다릴 줄 알았다.

  얼마나 많은 물고기가 바다 밑바닥에서, 눈이 먼 채, 귀가 막힌 채, 살아남으려고 발버둥쳤을까. 아아아! 그는 혼자서라도 외쳐야 함을 알았다. 꼬리지느러미에 힘을 주고, 날개를 접고 무작정 솟구쳐 올라, 세상이 얼마나 부조리한가를, 푸른 하늘에 대고 소리쳐야 했다.

작부酌婦

 술집 작부 치마폭에 싸인 것맨키로, 볼또그리 취한 강구항 밤 야경. 어판장 뒷골목마다 그 옛날 홍등가에는 야화夜花가 피어 흥청망청했지. 속초로 울릉도로 고깃배 타다 뭍에 내리면, 낮부터 술판에 젓가락 장단에 홍도야를 불렀지. 작부 년 분 냄새에 불뚝불뚝 아랫도리 힘은 뻗쳐, 그 어부들 주장군柱將軍 명태 대가리만 했네. 소주 막걸리에 떡이 되면, 영순 아버지 마누라 새끼들 까맣게 잊어먹고 곱사춤을 추었지. 연분홍 치마저고리 입은 작부 엉덩이는 얼마나 컸던지, 고래 등만 했네. 아니, 아니 밤바다 보름달만 했네. 그 겨울 폭설에 대구 명태 방어 잡아 번 돈, 구뻥에 도리짓고땡에, 그년들 치마폭에 다 녹아들었지. 새벽 오줌 누러 나와 어둑어둑한 방파제 파도 소리에, 번쩍 정신이 들면, 그때서야 동해에 밥 찾으러 나간 아비 기다리는, 올망졸망한 자식들 얼굴이 등댓불처럼 눈앞에 깜박깜박 비추는 거라.

시와 사유 · 네엣

　시의 아름다움과 향수享受는 살아있음의 황홀경에 있다. 그것은 자연과 인간사의 이치와 흥취에서 비롯되며, 순간의 영원을 경험하는 것만큼이나 감동적이다. 시는 생명이다. 생명은 생生과 명命이 결합된 말로서, 명이 이미 주어진 것이라면 생은 명을 새롭게 변화시키는 의지나 역능이 된다. 생명은 두 항의 대립과 충돌로 인해 새롭게 발현되는 하나의 흐름이자 리듬이며 주름이다. 이는 모든 시와 예술의 운명이자 선택이다. 특히 주름의 접힘과 펼침 속에서 생성되는 차이와 반복은 생명의 질서이며 도약이다. 생명의 마음과 눈으로 바라본 "세상은 얼마나 황홀하고 감각적인가. 그것은 신비에서 시작되었고 신비로 끝날 테지만, 그 사이에는 얼마나 거칠고 아름다운 땅이 가로놓여 있는가."(다이앤 애커먼, 『감각의 박물학』) 겨우내 언 땅에서 어둠을 뚫고 나오는 새싹을 보라. 존재의 비밀은 겨울과 봄 사이에 있는 법. 그 사이와 경계의 점이 지대漸移地帶에서 피어나는 "모든 사물 하나하나는 진지한 것이고 유일무이한 것이고 또 비교할 수 없는 것이다."(게오르크 루카치, 『영혼과 형식』) 한 편의 시에서 요구되는 이미지와 사유도 그 자체로서 고고한 생명(성)을 갖고 있다. 그런 점에서 시는 생명의 생명이며 묘처妙處이고, 상常의 발견이다.

　　　　　　　　　　김상환, 「모든 것은 느낀다」에서 발췌

제 4 부

찐빵과 미역

찐빵과 미역

 막걸리에 소다를 넣은 밀가루 반죽이 부풀어 오를 때쯤, 보름달은 바닷물 위에 떠 출렁거렸네. 낮엔 생선을 팔고 밤이 오면 홀어머니는, 찐빵을 쪄 팔았네. 팥은 푹 삶아 으깨어 앙금을 만들고, 반죽은 정성과 사카린을 섞어 따뜻한 아랫목에 덮어두었네. 희한하게도 면 보자기 너머로 볼록볼록 반죽 터지는 소리가 나면, 온 동네 처녀들이 암고양이처럼, 살금살금 우리 집 부엌으로 숨어들었네.

 꾸덕꾸덕 해풍에 잘 마른 긴 미역 오리를 손에 들고 와, 갓 쪄낸 노르스름한 김 오른 찐빵과 바꿔 먹었네.

 참 이상도 하지. 어디에서 분 냄새를 맡고, 한밤중만 되면 오징어 피데기를 들고 총각 놈들이, 수고양이처럼 우글우글 모였네. 밤새워 낄낄 깔깔 눈을 맞추곤, 어느새 캄캄한 배 밑창이나 어둑한 갯바위 새로, 하나둘씩 사라졌네. 다음 날도 그다음 날도 어머닌 강구장이나 영덕장에 나가 그걸 팔아서, 내 등록금이랑 식구들 먹을 양식을 짱배기에 이고 왔네.

흉중

1.

내가 바다를 바라본 까닭은, 밀물 속 흐릿하게 밀려오는 마흔에 가신 아버지가 출렁거리기 때문이다. 네 살 난 아들을 두고 가신, 그 흉중의 물소리가 들리기 때문이다. 떠오르는 아침 해만 보면 청상의 어머니는 "아이쿠, 느그 아부지 바닷속에 장작불 때는 것 좀 보래이" 그러셨다. 동해를 숫제 우리 집의 가마솥으로, 붉은 해를 아궁이의 장작불로, 방어나 고등어를 무슨 고봉밥처럼 귀히 여기셨다. 나만 보면 까까머리통을 쓰다듬으며, "우예, 이리 제 아비를 닮았을꼬?" 신기해하셨다. 언제나 엇비슥 웃는 그 서른의 어머니는 봄날 수평선 위에 핀 모란꽃처럼 환하셨다.

2.

어릴 때 나는 먼 도시에도 고향 구계항처럼, 집집마다 앞마당 앞에 바다가 하나씩 있는 줄로만 알았다. 고래가 잡히고 시원한 대구탕을 마음껏 먹는, 그런 바다가 도시 옆구리에 출렁거리는 줄로만 알았다. 열두 살 어린 나이로 혼자 대구로 전학 오고서야, 내 바다는 동해뿐임을 알았다. 그날 엄마의 손에 이끌려 포항 역사驛舍에서 처음 타보았던, 그 기차를 잊을 수가 없다. 나는 마냥 신기하여 차가운 쇳덩어리를 만지고 또 만져보면서, 고래보다 더 큰 기차 칸을 경이로운 눈길로 바라보았다.

3.

학교를 파하고 돌아오면, 나는 텅 빈 하숙집 골방에 쪼그려 앉아, 늘 바다를 그리워했다. 비릿한 엄마 냄새가 그리웠고, 얼굴도 모르는 그 아비가 보고 싶어 외로웠다. 아버지는 한겨울 장갑 낀 손이 꽁꽁 얼어붙어도, 자식을 위해 바다로 나가야만 했다. 잡은 고기들은 인근 강구항이나 구계 어판장에서, 대처로 팔려 나갔다. 고된 하루 일을 마치면 노을이 질 무렵, 아버지는 자전거를 타고 가족이 있는 집으로 돌아오곤 했다. 바다가 바라다보이는 동구 밖 입구에 서서, 네 살의 나는 아비가 사 오는 알사탕을 침이 고인 채 기다렸다. 그러던 어느 날이었다. 아무리 기다려도 아비는 돌아오지 않았다. 누이와 나를 남겨두고 눈깔사탕을 사기 위해, 저승의 바다로 서둘러 노 저어 떠나셨다.

4.

환갑이 된 지금도 생사生死의 진리를 모르지만, 그때 역시도 죽음이 알사탕 같다고만 생각했다. 선친이 돌아가신 날은 몇 날 며칠 장대비가 퍼부었다. 마당에 천막을 치고 문상객을 맞은 나는 마냥 신이 났다. 모처럼 집 마당에 동네 어른들로 넘쳐난 것을 본 나는, 무슨 잔칫날 같은 생각을 했다. 서른의 어머니는 죽은 남편 관棺을 붙잡고 호곡號哭을 하고, 그 설움의 깊이를 알 길 없는 난, 맞지도 않는 상복을 입고 천방지축 빗속을 뛰어다녔다. 그 어미마저 불귀의 객이 되고 만 지금, 그날 어린 철부지를 지켜봤을 청상의 어미 흉중을 생각하면, 아득하고 아득하다.

5.

아버지를 산에 묻고 돌아온 다음 날에도 나는 당신의 죽음을 실감하지 못했다. 전처럼 자전거를 타고 알사탕을 사서 올 거라는 막연한 기대를 품은 채, 동구 밖에서 오도카니 앉아 기다렸다. 그다음 날도, 또 그다음 날도 아버지는 돌아오지 않았다. 나는 선친의 친구분을 만날 때마다, "우리 아버지는 언제 와요?"라고 묻곤 하였다. 그럴 때마다 바다를 가리키며 "네 아버지는 이다음 돈 많이 벌어 저 바다를 건너온단다." 일러주었다. 그날 이후 나는, 남몰래 언덕에 앉아 바다를 뚫어지게 바라보는 습관이 생겼다. 혹여, 수평선 너머 붉게 떠오르는 해를 타고, 아버지가 물 위로 나를 만나러 나올 것 같은 환각에 사로잡혔다.

6.

이따금 아비가 보고 싶을 때면 어등漁燈을 켜고 바다를 깨워야만 했다. 여름 새벽, 우연히 동네 형을 따라, 소몰이하러 마을 뒷산 봉황산 꼭대기에 올랐던 어린 시절. 그 황홀한 일출의 바다를 나는 아직도 잊지 못한다. 그 아침 핏빛의 바다 물속 잠기어 꿈틀거리던 붉은 햇덩이는, 사무친 아비의 글썽이는 눈물이었다. 나는 두 팔을 벌려, 그 산정에서 "아버지! 아버지! 아버지!" 목 놓아 불렀다.

축산항 오징어 이야기

깜깜한 여름 밤바다 오징어잡이 배 줄줄이 늘어서면
환한 집어등 수평선에 핀 꽃밭 같다 아이가.
오징어 그놈아, 성깔이 좀 급하나
먹물로 찍 찍 어부들 낯짝 쏘아 대고
불빛만 보면 미끼인 줄 알고 환장해 안 달려드나.

오징어 풍년이면 집집마다 누이들
몇 백 축씩 팔아 시집 안 갔나.
그 오징어 다리 열 개로 총각 놈들 칭칭 허리 감아
딸도 낳고 아들도 두고
새끼들 줄줄이 낳아 잘 키았다 아이가.

마른오징어는 쑤르메라 카고 물오징어는 이까라고 안 캤나.
비릿한 수천 마리 오징어
대나무 꽂이에 허리 꺾어 덕장에 널어두면
동네 노인들 "아이구, 배부르다, 배부르다!" 안 캤나.

흰 창자로 얼큰하게 끓인 내장탕도 쥑이지만
초저녁부터 피덕피덕 피데기 꿉어가
초장에 푹 찍어,
복만이 형, 병철이 아재 불러가
소주 서너 병 털어 넣으면,
세상 근심 걱정 같은 거 다 이자뿐다 아이가.

그카고,
등짝에 길쭘한 오징어 흰 뼈다구 아인나,
아아들 째진 데 갈아 붙이면 귀신같이 나았다 아이가.
잘 마른 오징어는 갈색, 안 마른 건 히득스그리 안 했나.
소낙비라도 맞으면, 그 쿰쿰한 냄새
희한케도 어촌 여자들 치마 속 바다 냄새 아이가.

고래불해수욕장

연인이여!
고래불해수욕장 위로 보름달이 뜨거든

상대산 관어대 위에서
해당화 허리 곡선이 고운 밤바다를 보라

해무海霧가 군데군데 해송 사이로
달빛 해금을 켜는 한 폭 수묵화가 되리니,

연애를 하려거든, 연인이여!
이십 리 모래 벌 기막힌 고래불해수욕장으로 가라

이따금 돌고래가 수평선 위로 뛰어오르고
은빛 물이랑 사이로 어둠이 시가 되는

그 아름다운 바다 처녀가 소곤거리는
고래불해수욕장으로 가라

달빛 너머 빨간 등대가 보이리니
파랑과 흰색이 섞인 고래불 등대가 보이리니

연인이여! 달빛에 물이 너무 맑아 울고 싶거든
그 밤바다 은빛 꽃가루 눈부신 고래불해수욕장으로 가라

대진항 해녀

대진항 바닷속에는 내 여자가 산다
지느러미를 가진 그 여자는 물속에 핀 장미였다
두 귀가 들리지 않아
밀물과 썰물 사이 집을 짓고 살던 그 여자
나만 보면 소라 소리로 웃다가
자홍색 우뭇가사리처럼 물속 깊은 바위 속에 달라붙다가
수줍은 노래미가 되어 물 밖 하늘하늘 고개를 내밀고
그 참았던 숨을 한꺼번에 몰아쉬며
호오이, 호오이, 휘잇!
꽃 피는 숨비소리를 내었다
물안개 자욱한 물속 산호 이야기를
그 여자의 무릎을 베고 나는 들었다
가슴에 망사리를 끼고 길쭉한 빗창으로 전복을 따
한 잎 한 잎 장밋빛 손으로
혀 속에 밀어 넣어 주던 그 여자
어느 날 붉게 웅크리고 우는 노을의 이야기를
여자는 수화로 들려주었다
대진항 바닷속에는 내 여자가 산다

그 겨울 수평선 아래로
떨어져 녹아버린 흰 눈의 그 아픈 여자가 산다

창포항 문어잡이

동해 폭설이야 내리라면 내리라지

갈매기 콧등에나 내리라지

문어 하면 봄 문어文魚라

붉은 물결 등대 너머 번지는구나

새벽해야, 수평선 화폭을 칠하라지

구름에 경심줄도 달아야지

물안개에 도래도 달아야지

총각 어부 처녀도 낚아야지

미끼는 가재가 그만이라

청어 내장 더 좋을시고

아이쿠, 이놈 먹물 뿜는구나

바다에 시를 찍 찍 갈기는구나

반들반들 이마가 빛나는 문어야

여덟 다리로 빨판으로

칭 칭 칭 저 아침 햇덩이 감아 올려라

시와 사유 · 다섯

바닷가 절벽에 서서 우리 앞에 활처럼 펼쳐진 바다를 바라보았다. 바다는 굳어 있는 죽은 것이 아니라 그 물살의 놀이가 보여 주듯 생기와 활기로 가득하다. 흥미로운 선 모양을 만들며 바다는 일렁이다가 해안과 만나며 진주와도 같은 하얀 포말로 자신을 장식하는가 하면, 바다의 푸름은 하늘빛을 그대로 담아내며, 햇살을 수없이 많은 반짝임으로 바꾸어 마치 별들이 바다에 내려앉은 것만 같은 장관을 연출한다. 새로운 파도가 끊임없이 몰아치는 바다는 말 그대로 무궁무진하다. 바다의 다채로운 운동이 우리 인간이 파악하는 능력 또한 직관할 수 있는 범위를 넘어서는 덕분에 우리 정신은 무한함이라는 이념을 품게 된다. 바다의 파도만 보아도 무한함은 겉으로 나타난다. 마음에 드는 다양한 형태와 특수한 색채가 조화를 이루는 장면을 보며 우리는 아름다움과 숭고함이라는 느낌을 받는다. 이런 크기의 아름다움과 숭고함 안에서 무한함과 유한함은 서로 계시하며 화해한다. 물은 샘과 시내와 강과 호수와 바다로 그 특별한 매력을 자랑하면서 아름다운 풍경의 근본 요소를 이룬다. 자연이 많은 다양한 형태와 굳은 고체를 가졌음에도 물과 푸른 하늘은 자연의 동일성을 그대로 드러낸다.

모리츠 카리어레, 『미학, 아름다움의 이념 그리고 인생과 예술에서 실현되는 아름다움』(군터 숄츠, 김희상 옮김, 『바다의 철학』 중에서 재인용)

제 5 부

동백꽃 모가지

동백꽃 모가지

동백꽃 모가지 하나 수평선 보고 고꾸라지네

동백꽃 모가지 둘 절벽 아래로 고꾸라지네

탕, 탕 탕, 탕 탕 탕, 타앙, 탕!

동백꽃 모가지 셋 성산 일출봉 아래 고꾸라지네

그 새벽 포승줄 묶인 캄캄한 등짝, 무더기로

무더기로, 무더기로 고꾸라지네

핏물 고인 제주 오름 구덩이 속에

붉은 노을 돌아와 고꾸라지네

동백꽃 붉은 모가지 무더기로 고꾸라지네

한라산

오, 뭍이여!

나는 너희가 배반한 유배의 섬

바다 위 홀연히 솟아올라 장엄하구나

오, 미쳤구나! 이 밤 백록담 술항아리 들이켜,

철쭉꽃 피를 먹고 중산간 피어나

오름에 뜬 저 보름달 마구 마구 두드려라

성산포 물안개에 허우적대는

귀면鬼面들아!

중모리 중중모리 휘모리장단에

얼쑤 좋다, 얼쑤 좋다, 추임새를 넣으면

동굴 속 묻힌 귀鬼들아, 불에 타 죽은 귀鬼들아!

몸 열어라, 산 열어라

정방폭포 벽공 뚫고 피를 뱉으라!

오, 보인다 들린다 이어도가 보인다

두둥, 두둥, 둥, 둥, 두둥,

한恨이 열린다, 수평선이 열린다

제주 4·3 피바다 월문月門이 열린다!

다랑쉬오름

눈물이 달빛에 그렁그렁 맺혔네

묻힌 여자의 머리카락 억새 뿌리였네

흥건한 빗물에 잠겨 헝클어져 있었네

거꾸로 뚫린 총구멍은 심장 근처였네

왜 그랬어, 왜 그랬어, 왜 그랬어?

무더기로 무더기로 매장된

그 부러진 쇠골의 가녀린 어깨선들

어쩔 줄 몰라, 귀鬼들은 희번덕거렸네

다랑쉬오름 그 어느 근처에서 본

서러운 그 여자 어둠 속 웅크려 흐느꼈네

비진도

밤마다 네 붉은 몸이 먹고 싶었다

여자여, 동백꽃 모가지에 왜 바다를 매달았느냐

아이쿠, 아이쿠! 노을 불 들어간다

돌아보니 문득, 그 섬, 화엄이 피는구나

울릉도

바닷물 속에 붉은 신방新房이 있었네

나는 한 마리 물고기였네

대풍감 동백꽃 숲 너머 수평선 달이 뜨면

그녀는 물 우는 소리로 유혹하였네

산호를 지나 하늘대는 해초海草를 지나

송곳바위 그 아찔한 절벽에 다다랐을 때,

두 팔로 온몸을 칭칭 감아버렸네

사랑은 아가미로 숨 쉬는 거라고 말했네

밀물과 썰물은 성인봉 산안개로 가려버렸네

그녀의 입술은 물속 노을이었네

내가 다 먹어버린 붉은 입술이었네

보리암

너는 여지껏 손가락만 지졌구나

흰 파도 긋고 가는 바랑 멘 스님 한 척

노을은 번져 남해 금산 불경인데,

젊은 여자는 법당 앞에 절만 한다

자전 해설

「관해觀海」 독법

자전 해설

『관해觀海』 독법

김 동 원

프롤로그—질문

　바다는 나에게 늘 새로운 질문이다. 밀물과 썰물의 방식으로 쉴 새 없이 꿈틀거리는 바다는, 빛과 어둠, 질서와 혼돈, 일출과 일몰의 점이 지대다. 바다는 고전적이면서 아방가르드avantgarde하다. 그것은 고백의 성소聖所이자, 스스로 발화의 주체를 설정하기도 한다. 그리고 다중의 목소리로 시시각각 시점을 바꾼다. 정형의 틀에 갇히지 않고 매 순간 창조적으로 생성한다. 움직임으로 형태를 드러내고 상징의 숲으로 기능한다. 물의 안과 밖 어디에도 갇히지 않는 바다는 홀로 드러난다. 순간순간 사라지는 물안개처럼, 무기교의 기교다. 정말이지, 바다는 "말할 수 없는 것에 대해 침묵"(비트겐슈타인 : 1889~1951, 영국 철학자)하는 걸까. 때론 그로테스크하고 때론 환상적이고 시니컬한 바다는, 해와 달을 마주하며 변화무쌍한 빛과 색을 연출한다. 초승달과 보름달의 흐름은 물과 만나 현란한 색채의 오케스트라가 된다. 끝없는 태풍과 번갯불은, 하늘과 바다 위에서 현실을 초월한다. 붉게 번져 올라오는 물속의 햇덩이는 황홀하다. 한순간도 정지하지 않는 채 형체를 바꾸는 해는, 아이러니다. 한밤중 수평선 위에 고요히 떠 있는 은빛 달은, 형이상이자 형이하이다. 현묘한 정중동의 그 아름다운 풍경은 신비롭다. 바다는 떠도는 자의 언어와 물결의 언어가 육지와 만나 비로소 시가 된다.

바다는 옳고 그름을 판단하지 않는다. 시점視點을 특정하지 않고 인칭을 구분하지 않는다. 뜨고, 밀고 당기며, 접고 뒤집는 방식으로 전변轉變한다. 일체의 비유도 허락하지 않으며 주체와 객체를 초월하는 바다는, 물의 매트릭스와 리듬으로 물고기와 노닌다. 언어의 표면과 이면은 저항뿐, 하늘과 바다는 불이不二이다. 빛과 색의 오르가즘이다. 매 순간 실험적이고 전복적顚覆的이며 묘사적이다. 끊임없는 부정과 긍정의 패러독스다. 바다는 '경험의 물방울'이며, 물방울의 시니피앙(기표記標)이다. "시니피앙은 다른 시니피앙을 위해서 주체를 재현"(라캉)하듯, 물방울은 다른 물방울에 안겨 한 몸이 된다. 물론, "주체는 시니피앙과 시니피에(기의記意)의 행복한 결합 속에서 탄생하는 것이 아니고, 하나의 시니피앙이 다른 시니피앙으로 은유적 대치를 이루는 시니피앙의 관계 속에서 자신의 모습을 드러낸다. 이것이 바로 라캉의 메타포 공식이 의미하는 것이다. 이 공식화 과정의 결과로서 어렴풋이 드러나는 의미 생성의 문제는 그대로 주체의 탄생과 직결된다."(박찬부, 『기호, 주체, 욕망』, 창비, 2007, 87~88쪽)

시집 『관해觀海』는 열두 살 이전의 어린 눈[目]에 비친, 고향 바다의 실제 이야기이자, 시적 공간 속에 스며든 허구의 바다이다. 동해·남해·서해·울릉도·제주도, 그 밖의 섬을 돌며 쓴 내 사유의 창窓이다. 바다는 감각과 이미지, 운율과 반복적 리듬의 대서사시이다. 존재와 비존재, 의성擬聲과 의태擬態, 숨김과 드러냄의 방식으로 은유하는 바다는 물의 신령스런 말[言]이다. 충돌과 반동, 번짐과 점묘의 방식으로 언어를 구성하는 바다의 변주는 환상적이다. 푸른 하늘과 흐르는 바람으로 연聯 구분을 한다. 천둥과 번개의 소리, 그 메타포는 긴장과 갈등을 불러일으키며, 태풍과 해일로 시적 전환을 꾀한다. 바다는 물의 이동을 통해, 소낙비로 지상의 나무와 풀과 꽃의 행갈이를 한다. 이런 만물 생성 시법은, 음양오행, 춘하추동을 빌려 고저장단의 성음聲音과 율조를 만든다. 바다는 지구의 무한한 상상력의 여백이다. 의미를 지우고 무의미를 지우고, 끝내 천지의 '아름다운 위험'이 된다. 바다는 시간과 공간의 생멸이 지속되는 환유의 고리이자, 부분으로 전체를 드러내는 제유의 표상이다. 사물의 이치를 극대화하고, 연상과 스밈의 방식으로 관념을 무화시킨다. 악과 선을 동시적으로 정화하는 모순 어법oxymoron이다. 샘물과 강물은 바다에 이르러 원융圓融과 무애無㝵의 세계가 된다. 바다는 물고기들의 원초적 이미지로 한순간도 정지하는 법이 없다. 감각적 물질이자 공감각적 이미지인 바다는, 숭고한 위로다. 걷잡을 수 없는 인간을 치유하는 유일의 명의名醫다. 바다는 고독한 철학의 공간이다. 경쟁과 속도, 굴절과 왜곡, 전쟁과 살인, 상승과 하강을 단박에 '수평의 시'로 사로잡는다. 바다는 언어의 구각舊殼을 버리고 언어 이전의 속살을 드러낸다. 유무를 떠나 현상과 본체를 초월한다. 하여, 바다는 밑도 끝도 없는 무명無明의 미학이 된다. 장자의 말처럼, 우리는 그저, 한 마리 즐거운 물고기가 되어, 저마다 인생의 바다에서 노닐면 된다. 지구의 위대한 작품이 인간이라면, 우주 빅뱅의 놀라운 마스터피스masterpiece(걸작)는 바다다. 하늘[天]이란 개념으로 하늘의 모든 것을 다 드러낼 수 없듯이, 바다는 바다란 말[言]로 그 현묘한 이치를 다 담을 수 없다.

레퀴엠Requiem, 혹은 리듬

가장 근원적인 시간은 우리가 미래를 예감하고 과거를 떠올리면서 현재를 살아가는 일이다.(하이데거 『존재와 시간』 중에서)

돌이켜보면, 나의 바다는 고독과 공허의 무대 위에서, 빛과 어둠을 연주하는 악기였다. 가엾은 어린 영혼을 위해 비극의 서곡을 켜곤 하였다. 죽은 아버지만을 위한 그 '레퀴엠'은, 네 살의 나에겐 슬픈 진혼곡鎭魂曲처럼 들렸다. 처음부터 내게 바다는 '부재不在'의 상처를 남겼다. 한편, 그 바다의 얼룩은 "청상의 어미"가 대신 닦아 주었다. 무수한 균열의 나의 내부는 바다가 아니었으면, 기억의 먼지 속에 덮였을 것이다. 혼돈의 바다는 언제나 내게 '시적 창조'의 원천이었다. 아비와 어미의 피안彼岸과 나 사이에 거친 바다가 있다. 나의 바다는 '경계와 이음', '주술과 접신'의 세계이다. 언어 너머에 내 바다는 실재가 된다. 먼 훗날 시인이 되었을 때, 놀랍게도 바다는 밀물과 썰물의 '리듬'을 타고, 시 「흉중」으로 훅, 밀려 들어왔다.

1.

내가 바다를 바라보는 까닭은, 밀물 속 흐릿하게 밀려오는 마흔에 가신 아버지가 출렁거리기 때문이다. 네 살 난 아들을 두고 가신, 그 흉중의 물소리가 들리기 때문이다. 떠오르는 아침 해만 보면 청상의 어머니는 "아이쿠, 느그 아부지 바닷속에 장작불 때는 것 좀 보래이" 그러셨다. 동해를 숫제 우리 집의 가마솥으로, 붉은 해를 아궁이의 장작불로, 방어나 고등어를 무슨 고봉밥처럼 귀히 여기셨다. 나만 보면 까까머리통을 쓰다듬으며, "우예, 이리 제 아비를 닮았을꼬?" 신기해하셨다. 언제나 엇비슷 웃는 그 서른의 어머니는 봄날 수평선 위에 핀 모란꽃처럼 환하셨다.

2.

어릴 때 나는 먼 도시에도 고향 구계항처럼, 집집마다 앞마당 앞에 바다가 하나씩 있는 줄로만 알았다. 고래가 잡히고 시원한 대구탕을 마음껏 먹는, 그런 바다가 도시 옆구리에 출렁거리는 줄로만 알았다. 열두 살 어린 나이로 혼자 대구로 전학 오고서야, 내 바다는 동해뿐임을 알았다. 그날 엄마의 손에 이끌려 포항 역사驛舍에서 처음 타보았던, 그 기차를 잊을 수가 없다. 나는 마냥 신기하여 차가운 쇳덩어리를 만지고 또 만져보면서, 고래보다 더 큰 기차 칸을 경이로운 눈길로 바라보았다.

3.

학교를 파하고 돌아오면, 나는 텅 빈 하숙집 골방에 쪼그려 앉아, 늘 바다를 그리워했다. 비릿한 엄마 냄새가 그리웠고, 얼굴도 모르는 그 아비가 보고 싶어 외로웠다. 아버지는 한겨울 장갑 낀 손이 꽁꽁 얼어붙어도, 자식을 위해 바다로 나가야만 했다. 잡은 고기들은 인근 강구항이나, 구계 어판장에서 대처로 팔려 나갔다. 고된 하루 일을 마치면 노을이 질 무렵, 아버지는 자전거를 타고 가족이 있는 집으로 돌아오곤 했다. 바다가 바라다보이는 동구 밖 입구에 서서, 네 살의 나는 아비가 사 오는 알사탕을 침이 고인 채 기다렸다. 그러던 어느 날이었다. 아무리 기다려도 아비는 돌아오지 않았다. 누이와 나를 남겨두고 눈깔사탕을 사기 위해, 저승의 바다로 서둘러 노 저어 떠나셨다.

4.

환갑이 된 지금도 생사生死의 진리를 모르지만, 그때 역시도 죽음이 알사탕 같다고만 생각했다. 선친이 돌아가신 날은 몇 날 며칠 장대비가 퍼부었다. 마당에 천막을 치고 문상객을 맞은 나는 마냥 신이 났다. 모처럼 집 마당에 동네 어른들로 넘쳐난 것을 본 나는, 무슨 잔칫날 같은 생각을 했다. 서른의 어머니는 죽은 남편 관棺을 붙잡고 호곡號哭을 하고, 그 설움의 깊이를 알 길 없는 난, 맞지도 않는 상복을 입고 천방지축 빗속을 뛰어다녔다. 그 어미마저 불귀의 객이 되고 만 지금, 그날 어린 철부지를 지켜봤을 청상의 어미 흉중을 생각하면, 아득하고 아득하다.

5.

아버지를 산에 묻고 돌아온 다음 날에도 나는 당신의 죽음을 실감하지 못했다. 전처럼 자전거를 타고 알사탕을 사서 올 거라는 막연한 기대를 품은 채, 동구 밖에서 오도카니 앉아 기다렸다. 그다음 날도, 또 그다음 날도 아버지는 돌아오지 않았다. 나는 선친의 친구분을 만날 때마다, "우리 아버지는 언제 와요?"라고 묻곤 하였다. 그럴 때마다 바다를 가리키며 "네 아버지는 이다음 돈 많이 벌어 저 바다를 건너온단다." 일러주었다. 그날 이후 나는, 남몰래 언덕에 앉아 바다를 뚫어지게 바라보는 습관이 생겼다. 혹여, 수평선 너머 붉게 떠오르는 해를 타고, 아버지가 물 위로 나를 만나러 나올 것 같은 환각에 사로잡혔다.

6.
이따금 아비가 보고 싶을 때면 어등漁燈을 켜고 바다를 깨워야만 했다. 여름 새벽, 우연히 동네 형을 따라, 소몰이하러 마을 뒷산 봉황산 꼭대기에 올랐던 어린 시절. 그 황홀한 일출의 바다를 나는 아직도 잊지 못한다. 그 아침 핏빛의 바다 물속 잠기어 꿈틀거리던 붉은 햇덩이는, 사무친 아비의 글썽이는 눈물이었다. 나는 두 팔을 벌려, 그 산정에서 "아버지! 아버지! 아버지!" 목 놓아 불렀다.

―「흉중」 전문

온종일 바다는 밀물과 썰물의 악기로 어린 영혼을 매혹시켰다. 물의 반복과 율동은 우주의 위대한 선율처럼 들렸다. 어쩌면 그것은 아버지의 등대 불빛이기도 했고, 어머니가

부르는 외로움의 노래이기도 하였다. 나는 그 바다의 물결에 흔들려, 이불 속에서 바다가 우는 이상한 소리를 듣곤 하였다. 바다는 과거 현재 미래가 동시에 내재하는, 구체적 시간이자 초현실적인 토포스topos다. 끊임없이 움직이는 초월의 바다는, '가면 반드시 돌아오는' 영원한 회귀선의 리듬이다. 사라졌다 나타나는 그 파도의 고저장단은 기막힌 은유였다. 밤낮없이 바다는 천체와 별, 배와 물새를 통해 그만의 시를 썼다. 물과 육지 사이를 붙였다 뗐다 하면서, 바다는 언어의 사족을 해안으로 밀어내었다. 바다의 "리듬은 시간적 동일성의 규칙적인 반복이기 때문에 경험을 질서화하고 이 질서화 속에 자아 발견을 가능케"(김준오, 『시론』, 1982, 삼지원, p.165)하였다. 시 「흉중」은 내 무의식 속에서 끓는 불의 용광로이다. 바다를 향해 죽은 선친을 부르는 초혼제招魂祭이다. "우연히 동네 형을 따라, 소몰이하러 마을 뒷산 봉황산 꼭대기에 올랐던 어린 시절. 그 황홀한 일출의 바다"에서 보았던 것도, 아버지의 귀혼鬼魂이 부르는 소리가 들렸기 때문이다. 물은 내게 '안과 밖'을 내통하는 황홀한 기명器皿이자 기물奇物이다. "그 아침 핏빛의 바다 물속 잠기어 꿈틀거리던 붉은 햇덩이는, 사무친 아비의 글썽이는" 형상이었다. 하여 "나는 두 팔을 벌려, 그 산정에서 '아버지! 아버지! 아버지!' 목 놓아 불렀다."

바다와 시니피앙

> 바다의 입술은 위선적이다 // 라고 했다가, 바다란 말은 더 폭력적이다라고 고친다 // 미친놈! // 말할 수 없는 것에는 침묵할 것 // 비트겐슈타인이라고 // 썼다가, 바다는 언어를 가리고 언어로 핀다 // 다시 바다는, // 바다의 몸은 관점의 차이라고 썼다가 // 들뢰즈에게 들켜, 닮은 것은 모두 사기꾼이라고 적는다
>
> ―「시뮬라크르」 전문

이상하게도 '바다'를 호명하는 순간, 이순耳順의 나의 '바다'는 사라지고 '아버지'가 보인다. 그럴 때면 생각의 주체는 언어가 아니라 항시 '나'였다. 아니 정확히 말하면, 바다와 죽은 아버지는 소리의 이미지로서 시니피앙과 소리의 관념적 의미로서 시니피에가 겹쳐 일어난다. 하여 바다-아버지의 시니피앙과 시니피에는 중층적이다. 훗날, 스위스의 구조주의 언어학자인 소쉬르(1857-1913)의 '인간은 언어가 지배한다'는 글을 만났을 때, 나는 충격을 받았다. 한 번도 '언어'가 먼저 있고, '세계'가 있다고 상상해 본 적이 없기 때문이다. 내겐 '세계와 언어'가 한 몸이었다. 소쉬르의 등장은 말의 구조와 체계, 사물에 대한 관점, 세계를 인식하는 방법을 혁명적으로 뒤바꿔 놓았다. '마당의 개는 짖지만, 책 속의 개는 짖지 않는

다'는 놀라운 사실을 깨닫게 했다. 이처럼 "사물과 언어는 필연적이지도 동일하지도 않은, 임의(자의)적 관계에 놓여 있다"는 그의 주장은 기존의 언어 문화를 전복시켰다. 또한 "무의식이 언어를 불러들이는 것이 아니라, 언어가 무의식을 불러낸다"는 라캉(1901-1981, 프랑스 정신과 의사)의 말 역시, 동일성의 시학을 해체한 일대 사건이다. 그때까지만 해도 나는 언어를 '시를 실어 나르는 도구—뗏목'쯤으로 여겼다. 지금도 시의 본체는 언어 이전의 세계가 진짜이고, 언어 이후는 시가 걸친 옷 정도로 인식한다. 왜냐하면 시는, 언어의 눈동자 속으로 신神을 들이는 일이기 때문이다. 물론, 언어를 통해 언어 이전을 온전히 표현할 수 없다는 소쉬르의 말도 인정한다. 하여, 나는 '시란 무엇인가'라는 질문에, 시니피앙과 시니피에 사이, 그 어디쯤이라고 우긴다. 시 「바다와 시니피앙」은, 언어로써 언어를 뛰어넘는 '시의 본질'을 꿰뚫은 나의 시도이다.

숨을 깊이 들이쉬고, 그는 계속해서 물속으로 들어간다. 한 마리 물고기가 되어, 아래로 아래로 헤엄쳐 내려간다. 물은 물의 은유다. 바다는 문門이 없고, 있다. 바다의 깊이는 질문이다. 오, 지우는 방식으로 채우는 바다여! 바다는 거울을 보지 않는다. 바다는 생각을 생각하지 않는다. 바다는 노을을 버리고 주체가 된다. 바다는 바다일 때만 나비가 된다.

—「바다와 시니피앙」 전문

그렇다. 네 살 때부터 내 무의식 속엔, 돌아가신 아버지의 빈자리로 인해 랑그langue(언어의 추상적 체계)가 거세된 파롤parole(개인적 발화), 혹은 시니피앙의 감각이 지배한다. 그리고 이 시에서 우리는 왜 불(남자/陽)의 서사보다, 물(여자/陰)의 서정을 추구해 왔는지를 짐작할 수 있다. 주체의 욕망은 언제나 '비극과 결핍'의 상태로 흔적을 남기며, '묘사'보단 '압축과 자유로운 상상력'으로 시상詩想을 촉발한다. 아침마다 본 일출은 생생生生의 변變과 역易이 우주의 이치임을 안다. 어린 내게 물결은 늘 새롭고 낯선 리듬의 반복이었다. 순간순간 사라졌다 다시 나타나는 물안개는, 시적 모호성의 극치였다. 그 끝없는 반복과 변주의 바다는, 장자의 '나비'처럼 '내가 바다인지, 바다가 나인지' 모를 환상을 심어주었다. 바다의 파토스는 사라진 것에 대한 내 서러움이나 그리움을 고통으로 잉태하였다. 하여 나는 라캉의 명제 "나는 내가 존재하지 않는 곳에서 생각한다. 고로 나는 생각하지 않는 곳에서 존재한다"를 지지한다. "바다는 노을을 버리고 주체가"될 때, 비로소 무無가 된다. 실재하는 대상은 이미지로도 언어로도 포착되지 않는다. 마치, 노자가 『도덕경』1장에서 "道可道 非常道 名可名 非常名(도를 도라고 부를 수 있지만, 그것은 영원한 도가 아니다. 이름을 이름으로 부를 수 있지만, 그것은 영원한 이름이 아니다."(이용주 『노자도덕경』)라고 설파한 것처럼, 바다는 언어가 침묵할 때 그 순간 시가 된다. 내게 있어 시의 바다, 바다의 시는 언어 이전도 이후도 아닌, 현의 지점이다. "玄之又玄 衆妙之門(어둠에 이어지는 또 다른 어둠, 그것이 존재의 신비로 들어가는 문이다.)"(이용주, 같은 책)

바다로 가는 집

나에게 집은 시의 바다로 나 있는 꿈길이다. 14살 때까지 살았던 구계항龜溪港 그 집은, 포항-영덕 간 7번 국도 확장 공사로 길 한복판에 묻혔다. 대청마루가 좋은 그 집 마당의 대문을 열면, 봉황산에서 내려오는 맑은 개울물이 흐르고, 신작로 굴다리가 보이고, 둥근 구멍 사이로 모래 벌이 보이고, 그 너머 푸른 바다가 무한히 펼쳐졌다. 태풍과 해일을 막기엔 턱없이 부족했지만, 동해로 쭉 뻗은 축항은 어부의 희망의 표지였다. 200호 남짓한 마을은 길쭉한 해안선을 끼고, 길가 해당화가 붉게 핀 흰 모래 벌이 고왔다. 드문드문 백사장 말뚝에 매인 암소들은, 저녁노을 수평선을 쳐다보며 음~매 하고 울었다. 옛날에는 지금처럼, 흰 등대와 빨간 등대 사이로 고깃배가 수시로 드나드는 아름다운 항구가 아니었다. 그랬다. 엄마가 강구장場에 고기 팔러 나간 날은, '찐빵'만 한 우리 집 마당은 동네 놀이터였다. 구슬치기랑 딱지치기, 고

누와 제기차기로 왁자하였다. 지겨우면 까까머리 또래 애들은, 백사장 위에서 오징어 가이상, 말타기로 시간 가는 줄 몰랐다. 작은집은 자식이 없었다. 그래서 어부 숙부와 해녀 숙모는 조카인 나를 친자식보다 더 사랑해 주었다. 숙부는 내가 가장 좋아하는 가오리연을 대나무를 쪼개 기막히게 만들었다. 설날 동네 조무래기들과 바다가 내려다보이는 언덕 위에서, 언 손을 호호 불며 가오리 연줄 끊기 시합을 하였다. 하늘 위로 높이 날려 바람길의 좌우로 실타래를 흔들며 연싸움하는 재미는, 내게 무한한 자유를 가져다 주었다. 연줄이 끊긴 가오리연은 파란 바다를 향해 가물가물 날아가 버렸다. 내가 서정시를 좋아하는 이유는 육친에의 기억과 아름답고 애잔한 추억이 깃들었기 때문이다. 한겨울 바다 위에서 수천 수만 개의 눈송이가 떨어져 녹는 풍경을, 어린 나는 청상의 어미 손을 잡고 하염없이 경이로운 눈으로 바라보았다. 「찐빵과 미역」은, 가난한 그 시절 바다 위에 떠오른 보름달과 양식의 이야기다.

막걸리에 소다를 넣은 밀가루 반죽이 부풀어 오를 때쯤, 보름달은 바닷물 위에 떠 출렁거렸네. 낮엔 생선을 팔고 밤이 오면 홀어머니는, 찐빵을 쪄 팔았네. 팥은 푹 삶아 으깨어 앙금을 만들고, 반죽은 정성과 사카린을 섞어 따뜻한 아랫목에 덮어두었네. 희한하게도 면 보자기 너머로 볼록볼록 반죽 터지는 소리가 나면, 온 동네 처녀들이 암고양이처럼, 살금살금 우리 집 부엌으로 숨어들었네.

꾸덕꾸덕 해풍에 잘 마른 긴 미역 오리를 손에 들고 와, 갓 쪄낸 노르스름한 김 오른 찐빵과 바꿔 먹었네.

참 이상도 하지. 어디에서 분 냄새를 맡고, 한밤중만 되면 오징어 피데기를 들고 총각 놈들이, 수고양이처럼 우글우글 모였네. 밤새워 낄낄 깔깔 눈을 맞추곤, 어느새 캄캄한 배 밑창이나 어둑한 갯바위 새로, 하나둘씩 사라졌네. 다음 날도 그다음 날도 어머닌 강구장이나 영덕장에 나가 그걸 팔아서, 내 등록금이랑 식구들 먹을 양식을 짱배기에 이고 왔네.

—「찐빵과 미역」 전문

어미에게 바다는 우리 집 곳간이었다. 안방은 늘 "볼록볼록" "밀가루 반죽" 터지는 소리가 났다. 쿰쿰한 생선 피데기 냄새, 마른 해초 특유의 간간한 향은, 어느 집에서나 비슷하게 났다. 무슨 까닭인지 밤바다는, 혼자 해안에서 주체할 수 없는 마음으로 "출렁거렸"다. 물결이 잔잔한 밤 "보름달"이 뜨면 바다는, 설유화 꽃 덤불처럼 하얗게 피었다. 잔물결 사이사이 부서진 달빛의 은빛 시어는 섬세하고 고왔다. 어쩌다 물안개가 피어오르는 달밤은, 물고기가 공중에 뛰어올라 어린 내 눈엔 마법처럼 보였다. 바다의 미궁迷宮, 美宮은 바다 그 자체였다. 파도는 매 순간 저만의 감정과 언어로 생의 허무와 환희를 가져다주었다. 홀어머니는 내게 '가장 적은 언어로 가장 울림이 큰 명시'였다. 나는 갈매기 새끼처럼 종일 입을 벌리고, 엄마가 물어다 주는 먹이만 기다렸다. 하루하루 견뎌야 사는 어미의 바다는 고해苦海였지만, 아홉 살 무렵의 내 바다는 심미審美의 보고寶庫였다. "희한하게도" 밤만 되면, 우리 집 부엌엔 "암고양이처럼" "살금살금" "동네 처녀들"이 모여들었다. "분 냄새"가 좋은 그녀들은 "긴 미역 오리를" 들고, "갓 쪄낸 노르스름한 김 오른 찐빵"과 바꿔, 집게손가락으로 뜯어 먹었다. 호기심이 많은 나는, 밤마다 몰래 안방과 부엌으로 통하는 봉창으로 그 장면을 엿보곤 하였다. 참으로 "이상"한 것은, "어디에서" 그 달뜬 "분 냄새를 맡"았는지, 기생오라비처럼 빤드르르한 머리를 빗고, 동네 큰 형들이 "우글우글" 모여들었다는 사실이다. 깜박, 내가 잠이 든 사이 "하나둘씩" 눈을 맞추어, "캄캄한 배 밑창이나 어둑한 갯바위 새로" 관능의 사랑을 나누러 사라졌다. 엄마가 그 고향 바다를 떠날 때까지, "다음 날도 그다음 날도" 나는, 쪼그마한 창으로 관음觀淫의 세계를 신비롭게 보았다. 밤낮없이 밥을 찾아 동분서주하던 어미의 "짱배기"가 짓물렀지만, 철없는 나는 무진장 바다가 좋았다.

태풍과 해일

거대한 흰 파도 더미를 타고 휘몰려 오는 늦여름 태풍은, 무시무시하다. 해안가 양철 지붕이란 지붕은 다 날아가고, 사람들은 윗동네 친척집으로 뿔뿔이 도망쳤다. 우르릉 쾅쾅 천둥은 울고 번개는 번쩍이고, 컴컴한 축항 앞바다에 불이 내리꽂히면, 바닷속 물귀신이란 물귀신은 다 나온 듯했다. 어머니는 물 샐 곳을 미리 채비를 하고, 누이와 난 이불을 푹 뒤집어쓰고 까만 눈만 내놓고, 날이 새기만을 손꼽아 기다렸다. 새벽녘이었을까. 검은 먹구름에 휘감겨 온 치어가, 갑자기 양철 지붕 위에서 타닥, 타닥, 타닥, 음악처럼 떨어지는 소리가 들렸다. 거짓말 같은 사실이다. 그런 아침이면 개울을 타고 올라온 바닷물이 역류해, 우리 집 앞마당에는 이름을 알 수 없는 자잘한 물고기가 헤엄치고 다녔다. 대청마루 아래까지 물이 차올라 꼬리지느러미를 흔들며, 어린 내 눈앞에서 꿈속처럼 왔다 갔다 하였다. 여전히 축항을 넘어 높은 파도가 마을 쪽으로 밀려올 즈음, 백사장 위의 신작로에는 동네 사람은 다 나와, 해일이 휩쓸고 간 그 바다를 구경하곤 하였다. 그때마다 치매에 걸린 뒷집 구순의 할머니는, 깨진 옹기처럼 웅크리고 앉아, 바다를 향해 주문처럼 혼자 무어라 중얼거렸다. 악동들은 꼬챙이를 들고 눈 밑이 짓물린 노파가 "미쳤다"며 지분거렸다. 어린 내 눈에도 뒷집 할머니의 정신은 흐렁해 보였다.

    아이고, 자가 누고! 복순 아버지, 순돌이네 큰애, 뒷집 허갑이 아제 아이가. 신묘년 오징어잡이 한배 탔다가 몽땅 수장水葬된, 가엾은 가엾은 목숨들. 흐렁 흐렁 흐렁 물 밟고 서성이네. 그래 그래 그래…, 뭍은 무탈하니 훨훨 다 벗고 올라가그래이. 돌아볼 것 없다 카이! 아이고, 이 새벽 뭐 할라꼬 또 흰 수의壽衣 입고 저리들 몰리오노!

—「흐렁 흐렁 흐렁」 전문

환력이 지난 지금도 나는, 그 뒷집 할머니 눈에만 물귀신이 보였다고 믿는다. "신묘년 오징어잡이 한배 탔다가 몽땅 수장水葬된", "복순 아버지", 아랫동네 "순돌이" 큰 형, "뒷집 허갑이 아제"를 보았다고 믿는다. 고종형도 그때 물귀신이 되었다고, 형수는 나만 보면 눈시울을 붉히곤 하였다. 죽은 물귀신들이 그 할미에게 접신된 것은, 정말 섬뜩한 아름다움이다. 왠지 그때의 그 일이 지금도 나의 뇌리에 박혀있다. 어린 내 눈에도 "가엾은 목숨들"이 물 밖에서 "서성이"는 것을, 옆집 할미가 품어 주는 것처럼 보였다. 어느 해 풍어제를 지낼 때의 일이다. 무당이 잽이의 반주에 맞추어 춤을 추다가, 갑자기 물에 빠져 죽은 '아기 말소리'를 내는 것을, 동네 동무들과 함께 보다가 소름이 끼친 적이 있다. 아마도 뒷집 치매 할미는 뇌가 고장이 나서, 그 안쓰러운 물귀신들이 다 제 자식처럼 보였나 보다. 하여, 「흐렁 흐렁 흐렁」은 그 뒷집 할머니와 물귀신들의 원한을 풀어주기 위해 바친 나의 헌시다. "그래 그래 그래…, 뭍은 무탈하니" 동해에 빠져 죽은 모든 물귀신들아! "훨훨 다 벗고 올라가거래이. 돌아볼 것 없다 카이!" 그렇게 빌어 준다.

비괘否卦

시 「비괘否卦」는 홀연히 "바다 폭풍을 건너" "내 심장"에 비가悲歌로 치고 들어왔다. 언제나 내 시의 운명은 '산꼭대기에서 바라본 불[離卦]'의 형상이었다. 젊은 날 낭만적 아이러니와 파토스에 미쳐있었지만, 그렇다고 이데아만을 꿈꾸진 않았다. 시심은 흔들리는 비련悲戀이었으나, 붉은 물의 행간을 집요하게 좇았다. 비록 이별의 내용은 흐느꼈으나, 사랑의 형식은 춥지 않았다. 꺼질듯한 한숨은 애조를 띠었지만, 시정詩情만은 겨울 바다 위에 내리는 흰 눈처럼 행간에 녹아들었다. 연과 연 사이는 침울했으나, 어두운 그림자가 오히려 이미지를 깊게 새겼다. 유협(위·진·남북조, 465?~520, 문예비평가)의 『문심조룡』을 빌리면, 내 시는 '아려雅麗'의 풍격과 진실을 추구하였고, 우울한 격조는 행간에 유미唯美로 스며들었다. 늘 슬픔과 비애 사이에서 고뇌하였으나, 내 시는 "칼빛 번개"로 "심장"을 "내리"치는, 시선 일검詩禪一劍의 경계를 원했다.

> 내 심장 번쩍 칼빛 번개가 내리쳐요
>
> 저 바다 폭풍을 건너
>
> 무작정 그녀가 밀려 들어왔으니까요
>
> 왜 이리 마음이 아플까요
>
> 처음부터 그녀 심장에 내가 없었으니까요
>
> 그 남자의 눈빛 속에 내 여자의 사랑이
>
> 걸어 들어가는 것을 보았으니까요
>
> 아, 내 심장 쿵쿵 천둥이 쳐요
>
> 그녀의 눈에 내가 보이지 않는다는 것을

내 흐르는 눈물이 다 말해주었으니까요

　　　　　　　　　　　　　　　―「비괘否卦」 전문

　시는 언제나 내게 열렬한 영감靈感으로 불타오르다, 홀연히 심장에 비수를 꽂고 가버린 "그녀"처럼 비정하였다. "하늘은 높게 있을 뿐 땅을 돌보지 않는" 법. 즉 하늘과 땅이 사귀지 않음이 천지 비否괘라면, 이 시에서 내가 꿈꾼 시법은, 이룰 수 없는 사랑의 갈증과 이별의 구조다. 절창은 형식과 내용을 "무작정" 무너뜨린다. 시는 사물 안에 있고, 말은 사물 밖에 있다. 아이러니컬하게도 주저하면 시는 "눈에" "보이지 않는다." 한밤중 은은히 빛나는 바다 위에 달빛처럼 자연스레 시어를 흐르게 하라. 그러면 시신詩神은 아름다운 '문채文彩'로 화답한다. 세계는 세 개의 언어가 산다. 사람의 언어와 사물의 언어, 그리고 침묵의 언어가 그것이다. 독보적인 개성과 언어의 치밀함을 추구해야 한다. 기술에서 예술로 가려면, 언어의 절대 순수와 그 강을 건너야 한다. 하여, 나는 밤낮으로 하늘을 향해 절실하게 시를 간구懇求하였다. 미완성의 완성을 향해, 덜어내고 깎아내고 쪼개고 다듬어, 오직 나의 '비괘'를 향해 전진하였다. "처음은 비색否塞하나 뒤에는 기쁨이 있다"는 말씀처럼, 비록 "내 여자의 사랑"이 다른 "남자"의 "눈빛 속"으로 "걸어 들어"간다 해도, 끝내 시의 적막을 놓지 않았다. 시 「비괘否卦」를 읽는 젊은 시인이여! 맨발로 불의 행간을 홀로 걸어가라. 살과 뼈가 타는 고통을 느낄지라도, 언어를 뚫는 것은 진실뿐이다. 언어로 세계를 가두기엔, 우주는 너무나 아름답고 시적이다. 피를 찍어 시를 쓸 때 구원된다. 언어는 끝나지만 그 여운과 감동은 영원하다. "나는 시가 나오는 그 찰나가 바로 우주의 원초임을 자각한다."(고은)

강구항

바다로 가는 길은, 언제나 내게 태초의 시원始原을 찾아가는 노정이다. 넘실대는 파도는 내 시의 운명 같다. 세파에 헛발질하다 깨지고 다치면, 나는 난파된 행간과 연을 꿰매러 바다로 간다. 바다를 보는 순간, 나는 막힌 기운氣韻이 뚫리고 생동한다. 동해안 7번 국도는 유년 시절 희비가 교차한 장소이다. 엄마를 만나러 가는 행복한 시간이자, 아버지의 부재를 확인하는 슬픈 내면 풍경이다. 어른이 된 지금도 강구항을 찾을 때면, 고무 다라이를 인 어미와 어부 아비가 겹쳐 떠오른다. 어판장에서 대게와 고등어, 방어와 대구, 명태와 오징어가, 궤짝마다 줄지어 있는 광경을 보면 만감이 어린다. 까만 기차표 고무신을 신고 장사하던 엄마 따라 어판장 뒷골목에서, 도루묵찌개를 먹은 기억은 생생하다. 삶은 새끼

오징어가 나오고, 찐 가자미와 식혜가 나오고, 산초가 들어간 멸치젓갈로 버무린 파김치는, 맛이 기가 막혔다. 식당 미닫이문을 열자 비릿한 생선 비린내가 항구 쪽에서 풍겨 왔다. 길 건너편 줄지어 선 다방 앞에는 완행버스가 서고, 고만고만한 어촌 사람들이 내리고 타고, 소하, 금진, 하저, 대부, 창포 너머로 사라졌다. "오라이, 출발!" 버스 안내양이 외치던 그 카랑카랑한 목소리가 어제인 양 떠오른다. 가난하여 모든 것이 풍족하였고, 적어서 행복했던 그 어린 시절, 갈 수만 있다면 거꾸로 가는 기차에 올라타고 싶다. 죽은 어미가 살아나고, 죽은 아비가 살아나고, 죽은 형이 살아나고, 죽은 숙부와 숙모가 살아나고, 달을 안고 죽은 그 소녀가 살아나고, 그리고 그리고…, 돌아갈 수 없는 인생 역사驛舍에 서서, 나는 또다시 내 바다를 본다. 스무 살 무렵 고향 친구들과 강구항 포장마차에서 술에 취해 바라본 야경은 잊히지 않는다. 시늘한 해풍에 일렁이던 물속 가로등 빛의 굴절은 형체도 없이 사라진 그리운 얼굴 같았다. 항구 건너편 불그스름한 홍등가 니나놋집에서 흘러나오던, 술집 '작부'의 노래와 실루엣은 쓸쓸해서 좋았다.

술집 작부 치마폭에 싸인 것맨키로, 볼또그리 취한 강구항 밤 야경. 어판장 뒷골목마다 그 옛날 홍등가에는 야화夜花가 피어 홍청망청했지. 속초로 울릉도로 고깃배 타다 뭍에 내리면, 낮부터 술판에 젓가락 장단에 홍도야를 불렀지. 작부 년 분 냄새에 불뚝불뚝 아랫도리 힘은 뻗쳐, 그 어부들 주장군柱將軍 명태 대가리만 했네. 소주 막걸리에 떡이 되면, 영순 아버지 마누라 새끼들 까맣게 잊어먹고 곱사춤을 추었지. 연분홍 치마저고리 입은 작부 엉덩이는 얼마나 컸던지, 고래 등만 했네. 아니, 아니 밤바다 보름달만 했네. 그 겨울 폭설에 대구 명태 방어 잡아 번 돈, 구뻥에 도리짓고땡에, 그년들 치마폭에다 녹아들었지. 새벽 오줌 누러 나와 어둑어둑한 방파제 파도소리에, 번쩍 정신이 들면, 그때서야 동해에 밥 찾으러 나간 아비 기다리는, 올망졸망한 자식들 얼굴이 등댓불처럼 눈앞에 깜박깜박 비추는 거라.

—「작부酌婦」 전문

시는 풍경이다. 시는 바다 안에도 있고 바다 밖에도 있다. 바다와 사는 일은 바닷속에서만 가능하다. 내가 언어를 아름답게 생각하는 것은, 생생하면서도 살아있는 리듬의 바다와 그 기억을 환기하기 때문이다. 시 「작부酌婦」는 60·70년대를 배경으로 삼는다. 그 당시 강구항에는 풍어기만 되면, 동네 개도 돈을 물고 다닌다는 우스갯소리가 돌았다. 특히 여름부터 가을까지 오징어잡이 철에는, 출항한 어선마다 만선의 깃발이 휘날렸다. 깜깜한 동해에 집어등을 달고 불야성을 이룬 고깃배들은, 보기만 해도 장관이었다. 오징어는 낮에는 수심 아래에서 놀다가, 밤만 되면 불빛에 유혹되어 미끼를 물려고 환장을 한다. 잡혀 온 고기들은 어판장을 통해 대처로 부리나케 팔려 나갔다. 오징어 배 따는 아주머니들은 돈벌이가 좋아 신바람이 났고, 간주를 탄 어부들은 호주머니가 두둑해 어깨가 절로 들썩였다. 그 옛날 파시波市 때면 사내들 호리려고, 강구항 다방과 술집에는, 인근 도회지에서 모여든 이쁜 여자들로 시끌벅적하였다. 노물리 달봉이 아제, 삼사리 병삼이 형, 남호리 학이 삼촌까지, 간주 받는 날은 대 "낮부터 술판에 젓가락 장단에 홍도야를 불"러댔다. 거나하게 취하면 "분 냄새" 풍기는 "술집 작부 치마폭"에, 항구에 배 들 듯, 쑥쑥 손모가지들을 잘도 넣었다. 한바탕 웃고 난리가 나면, 야한 코맹맹이 작부 년 소리에 하저리 박태기 형 "명태 대가리만" 한 "주장군柱將軍"을, 그년 엉덩이에 대고 "불뚝불뚝" 세웠다나 어쨌다나. 소주, 막걸리 주전자 통째로 돌면 "영순 아버지 마누라 새끼들 까맣게 잊어먹고 곱사춤을" 잘도 추었다. "연분홍 치마저고리 입은 작부 엉덩이는 얼마나 컸던지, 고래 등만" 하다고 소문이 자자했다. 그 시절은 참으로 사내들 세상이었다. "구삥에 도리짓고땡에" 마음껏 술을 퍼마셔도, 집에 가면 도리어 큰소리를 탕탕 쳤다. 아이쿠! "새벽 오줌 누러 나와 어둑어둑한 방파제 파도 소리에, 번쩍 정신" 든, 마흔의 내 아버지도 그 술판에 끼었으리라. 그리고 "동해에 밥 찾으러 나간 아비 기다리는"

새끼들 얼굴도 찬 해풍에 떠올랐겠다. 그런데 어쩐다? 울 아버지도 울 어머니도, 그 시절 강구항에 우글우글 모여들던 그 많던 군상들도, 모두 저승으로 배 타고 가버렸으니……. 시여, 죽고 사는 것이, 정말 유수流水 같구나!

관어대觀魚臺

나는 동향 시인 목은牧隱 이색李穡(1328~1396)의 「백설이 ᄌᆞ자진 골에」란 시조를 곧잘 음송한다. 멸망해 가는 고려를 바라보는 유자儒者의 안타까움이 절절하기 때문이다. 충신인 절의파를 "白雪"로, 조선의 신흥 사대부를 간신 "구름"에 비유한 초장은 놀랍다. 시조의 풍격은 맺힌 데를 풀어주며 결곡한 절조가 있다. 골짜기마다 숨어서 영달榮達의 기회를 엿보는 자가 간신배가 아니던가. "머흐레라" 이 독창적 시구는, 간신의 음흉한 간교가 배면에 짙게 깔렸다. 고려를 배반한 역성 혁명파를 향한 일검一劍이 도사리고 있다. 목은의 빈틈없는 독행獨行의 선비 정신은 엄혹하고 쓸쓸하다.

> 白雪이 ᄌᆞ자진 골에 구름이 머흐레라.
> 반가운 梅花는 어내 곳에 퓌엿는고.
> 夕陽에 호올노 셔 이셔 갈 곳 몰라 ᄒᆞ노라.

초장에서 이어진 흐름은 중장에서 한 바퀴 감아 돌아, 시구 "梅花" 마디에 힘을 준다. 매화는 우국지사를 암유하지만, 목은의 입장에선 고려의 신하도 조선의 신하도 아닌 경계에 부딪힌다. 하여 자신의 매화는, 이 세상 "어내 곳"에도 필 수 없다는 절망적 심정이 된다. 「백설이 주자진 골에」의 백미는, 역시 종장이다. 다시 풀어내고 감아치는 것이 시조 미학의 묘처를 얻었다. 망국의 "夕陽에 호을노 셔 이셔 갈 곳 몰라" 서성이는 늙은 유신儒臣의 몰골은 처연하다. 아이러니하게도 평생 이색이 존숭한 성리학은, 역성 혁명파 제자 정도전에 의해 결실을 보게 된다.

이색은 6천여 수의 시를 남긴 대문장가이다. 본관은 한산韓山, 자는 영숙穎叔, 호는 목은牧隱, 시호는 문정文靖이다. 부친은 고려 말 문신 이곡李穀(1298-1351)이며, 영덕 괴시리 외가에서 태어났다. 관어대觀魚臺는 그분의 시, 「관어대부觀魚臺賦」(목은집, 목은시고 제1권)를 지은 곳으로 유명하다. 상대산 절벽 위에 세워진 정면 5칸, 측면 2칸의 팔작지붕으로 된 누각은 동해 제일 경景이다. 목은은 가끔 관어대에 올라 영해부寧海府와 동해東海를 내려다보며, 낭떠러지 절벽 바위에서 바다에 고기가 노니는 것을 바라보았다. "영해부는 나의 외가外家가 있는 곳이므로 소부小賦를 지어서 중원中原에 전해지기를 바라는 바이다."라는 감회를 그의 시고詩稿에 남겼다.

영해의 동쪽 언덕 / 丹陽東岸

일본의 서쪽 물가엔 / 日本西涯

큰 파도만 아득할 뿐 / 洪濤淼淼

그 나머지는 알 수가 없네 / 莫知其他

물결이 움직이면 산이 무너지는 듯하고 / 其動也如山之頹

물결이 잠잠하면 닦아 놓은 거울 같도다 / 其靜也如鏡之磨

바람 귀신이 풀무로 삼는 곳이요 / 風伯之所橐鑰

바다 귀신이 집으로 삼은 곳이라 / 海若之所室家

고래들이 떼 지어 놀면 기세가 창공을 뒤흔들고 / 長鯨群戲而勢搖大空

사나운 새 외로이 날면 그림자 저녁놀에 잇닿네 / 鷙鳥孤飛而影接落霞

관어대가 굽어보고 있으니 / 有臺俯焉

눈에는 땅이 보이지 않도다 / 目中無地

위에는 한 하늘만 있고 / 上有一天

아래는 한 물만 있어 / 下有一水

아득히 먼 그 사이가 / 茫茫其間

천리만리나 되누나 / 千里萬里

오직 관어대 밑에는 / 惟臺之下

파도가 일지 않아서 / 波伏不起

고기들을 내려다보면 / 俯見群魚

서로 같고 다른 놈 있어 / 有同有異

느릿한 놈 활발한 놈이 / 圉圉洋洋

제각기 만족해하누나 / 各得其志

임공의 미끼는 과장된 것이라 / 任公之餌夸矣

내가 감히 흉내낼 바 아니요 / 非吾之所敢擬

태공의 낚싯바늘은 곧았으니 / 太公之釣直矣

내가 감히 기대할 바 아니로다 / 非吾之所敢冀

아 우리 인간은 / 嗟夫我人

만물의 영장이니 / 萬物之靈

내 형체를 잊고 그 즐거움을 즐기며 / 忘吾形以樂其樂

즐거움을 즐기다 죽어서 내 편안하리 / 樂其樂以歿吾寧

물아가 한마음이요 / 物我一心

고금이 한 이치인데 / 古今一理

그 누가 구복 채우기에 급급하여 / 孰口服之營營

군자의 버림받기를 달게 여기랴 / 而甘君子之所棄

슬프도다 문왕은 이미 돌아갔으니 / 慨文王之旣歿

오인을 생각해도 바라기 어렵거니와 / 想於物而難跂

부자로 하여금 떼를 타게 한다면 / 使夫子而乘桴

또한 반드시 여기에 낙이 있었으리라 / 亦必有樂于此

오직 고기가 뛴다는 짧은 글귀는 / 惟魚躍之斷章

바로 중용의 가장 큰 뜻이니 / 迺中庸之大旨

종신토록 그 뜻을 깊이 탐구하면 / 庶沈潛以終身

다행히 자사자를 본받을 수 있으리 / 幸摳衣於子思子

달성이 본관인 조선 제일 시인 서거정(1420-1488) 역시,「관어대부觀魚臺賦」를 읽고, 훗날 관어대에 올라「후관어대부後觀魚臺賦」란 시를 남겼다. 나는 이따금 도심이 적막하면, 고향 영덕 블루로드 길 따라 구계항, 강구항, 창포말 등대, 축산항 죽도, 이색문학관, 고래불해수욕장을 한 바퀴 휘돌아 온다. 좋은 시를 쓰려면 '책 만 권, 여행 만 리'는 좋은 벗이다. 관어대 위에 올라서 탁 트인 동해를 바라보면 만萬 시름이 다 걷힌다. 뒤엉킨 탁기가 물러가고 빈 바다에 홀로 떠가는 배가 된다. 우주의 맑은 기운이 나를 휘감아 자연 합일의 경지에 노닌다. 시우詩友들과 바라본 노을 풍경과 초여름 발아래 펼쳐진 고래불해수욕장 바다 위로 떠오른 보름달은 절경이었다. 울창한 송림에 에워싸인 이십 리 금빛 모래 벌은, 송천을 만나 신비로운 길이 된다. 고요히 누각에 앉아 눈을 감으면, 천겹 만겹의 그 푸른 물결 소리가 내 시정詩情의 묘음이 된다. 시「고래불해수욕장」은, 홀연히 관어대에서 들은 것을 그대로 옮겼다.

연인이여!
고래불해수욕장 위로 보름달이 뜨거든

상대산 관어대 위에서
해당화 허리 곡선이 고운 밤바다를 보라

해무海霧가 군데군데 해송 사이로
달빛 해금을 켜는 한 폭 수묵화가 되리니,

연애를 하려거든, 연인이여!
이십 리 모래 벌 기막힌 고래불해수욕장으로 가라

이따금 돌고래가 수평선 위로 뛰어오르고
은빛 물이랑 사이로 어둠이 시가 되는

그 아름다운 바다 처녀가 소곤거리는
고래불해수욕장으로 가라

달빛 너머 빨간 등대가 보이리니
파랑과 흰색이 섞인 고래불 등대가 보이리니

연인이여! 달빛에 물이 너무 맑아 울고 싶거든
그 밤바다 은빛 꽃가루 눈부신 고래불해수욕장으로 가라

—「고래불해수욕장」 전문

시의 정점은 허정虛靜에 있다. 언어 이전의 사물에 대한 청정한 정신이야말로, 예술의 묘처가 아닌가. 노자는 '대교약

졸大巧若拙'이라 하여 큰 기교는 서투르다 하였다. 세계는 한 떨기 시의 꽃이다. 머무는 곳마다 시의 주인이 되면, 그 자리가 시가 태어나는 곳이다. 시흥詩興이 조화를 이루면 천지도 시에 화답을 한다. 세상 모든 "연인"들이여, "고래불해수욕장 위로 보름달이 뜨거든" 꼭 한번 관어대에 올라 보라. "해당화 허리 곡선이 고운 밤바다를 보"리라. 말 없는 고요 속에서 사랑의 아름다움을 깨달으리라. 밤하늘과 철썩이는 바다와 그대 마음은 하나가 되리라. 여자여! 남자여! 관어대 "달빛"이 "해금을 켜"거든, "이십 리 모래 벌 기막힌" 그 바다를 향해 키스하라! 심연으로부터 벼락의 전율에 감전되리라. 바다는 일체의 언어를 버리게 한다. 서로의 몸을 깊게 깊게 파도에 사무치게 하라. 그리하면, 바다는 신령스런 영감靈感으로 밀려오리라. "연인이여!" 큰 아름다움은 형체가 없느니, "돌고래가 수평선 위로 뛰어오르고 / 은빛 물이랑 사이로 어둠이 시가 되"거든, 열렬히 껴안아라! 오직, 사랑만이 인생의 장엄한 바다를 구원할 수 있다.

부조리

운명의 커다란 저울은 평형을 이루는 일은 거의 없습니다. 결국 당신은 올라가든가 내려갈 수밖에 없습니다. 당신이 지배해서 얻어내든가 아니면 복종하면서 빼앗기든가. 참고 견디든가 개가를 올리든가. 모루가 아니면 망치가 되는 것입니다.(요한 볼프강 폰 괴테, 『코프타의 노래』, 2020, 뮤즈출판사 p.28)

  삶의 의미와 이유가 있다면, 세계는 합리적인가. 그리고 진정한 현실(성)이란 무엇인가? 이런 유類의 질문에 앞서 인간의 운명과 조건은 불멸의 존재가 아니라는 점에 있다. 여기서 우리는 모순과 부조리의 근본에 봉착하게 된다. 불합리·배리背理·모순·불가해不可解 등을 뜻하는 부조리不條理는 원래 조리에 맞지 않는 것이라는 논리적 의미만을 표시하는 말이었다. 이후 실존주의 문학과 철학의 담론에서는 보다 특별한 의미를 부여하고 있다. 알베르 카뮈(1913~1960, 프랑스)의 경우를 중심으로 살펴보자. 카뮈에게 부조리는 '세계의 무의미성'을 전제로 한다. "인간은 세계의 의미를 추구하지만 세계는 그 자체로 존재할 뿐, 아무런 의미가 없다"는 것이다. 하여 세계는 합리적인 인간의 물음에 결코 대답하지 않는다. 노자의 『도덕경』 5장에 나오는 '천지 불인天地不仁'이란 말도 그 연장선에 놓인다. 세계는 사사로운 감정에 더 이상 연연해하지 않는다. 여기에는 "합리적 관점이 적용되지 않는 세계와 합리적인 이해를 시도하는 인간 사이에는 하나의 거대한 미스떼흐mystère 같은 것이 놓여 있다." 이는 보편적이고 합리적인 삶보다는 일개인의 특수한 경험이 반영된

다양한 감각과 삶이 우선한다. 부조리는 인간과 세계 어느 하나가 아닌, 인간과 세계의 '사이'에 존재한다. 이 사이의 경계와 심연이 갖는 부조리에 대해 카뮈는 하나의 '이혼'과 '절연'으로, '이방인'으로 파악한다.

이런 단절과 타자성의 문제는 실재reality의 하나로서 '느낌feeling'의 문제이기도 하다. 즉 부조리한 인간이 아니라, 부조리를 느끼는 인간이다. 이 경우 "부조리는 세계와 관계를 맺을 때만 나타나는 감정"으로서, "부조리의 감정은 우리가 알아야 하는 진실"이다. 우연한 사건과 사건의 연속이 곧 우리의 현실이자 생이라면, 부조리는 반드시 무의미하거나 부정적인 것만이 아니라, 새로운 의미와 창조적 계기로 작동하기도 한다. 카뮈가 말하는 '부조리 인간(l'homme absurde)'이란 것도 기실은 부조리한 인간이 아니라, 부조리를 의식하며 살아가는 인간, 즉 깨어 있는 의식을 가진 인간을 말한다. 부조리한 인간은 반항과 자유, 열정을 가진 인간이다. 하여 비극과 절망은 곧 희극과 희망의 다른 말이자, 그 배후인 것이다. 반항인은 '아니non'라고 말하는 인간("반항한다, 고로 나는 존재한다")이며, 반역反逆은 생명의 본질인 것이다. 이상에서 보면, "부조리의 진실을 의식하며 자기 창조를 실현하는 인간"이야말로 진정한 인간이며, "부조리의 진실을 아는 자만이 자기 자신의 본래 의미를 창조"한다. 그리고 부조리가 존재와 무 사이, 딴은 현실(성)의 문제와 깊은 연관이 있다면, 빌렘 플루서Vilém Flusser(1920~1991, 체코 철학자)의 현실성 Wirklichkeit은 '죽음에 이르는 길 위에서 마주치는 것' 내지는 '궁극적 관심'을 말한다. 이런 실존적 국면에서 부조리한 인간은 자신의 죽음과 운명에 도전하며 삶의 참된 의미와 현실성을 찾고자 부심한다. 그러나 여기엔 비극적 행위와 결말이 수반된다.(김동원 평론집, 『시집사리詩集思理』 참조) 시, 「날치」는 부조리한 이 세상을 향해 인간의 끝없는 자유와 희망을 말하려고 했다.

한때 그는, 바다의 체제가 평등하다고 믿었다. 돌고래나 만새기에 쫓겨 먹히지 않으려고, 물을 박차고 공중에 뛰어올라 우연히 활강하기 전까지, 그는 한낱 소시민이었다. 솟구쳐 오른 자者게만 보이는 희한한 물 밖 자유 세상.

더러는 스크럼을 짜고 물의 저항을 거스르며, 푸른 하늘로 날아올랐지만, 쥐도 새도 모르게 군함새가 낚아채었다. 물속이나 물 밖이나 음흉한 것들은, 끼리끼리 눈짓을 건네며, 구석구석 법망을 쳐놓고 먹이를 기다릴 줄 알았다.

얼마나 많은 물고기가 바다 밑바닥에서, 눈이 먼 채, 귀가 막힌 채, 살아남으려고 발버둥 쳤을까. 아아아! 그는 혼자서라도 외쳐야 함을 알았다. 꼬리지느러미에 힘을 주고, 날개를 접고 무작정 솟구쳐 올라, 세상이 얼마나 부조리한가를, 푸른 하늘에 대고 소리쳐야 했다.

—「날치」 전문

　얼토당토않게도 '날치'는, 그때까지 물속 세계가 평등하다고 믿었다. 그는 '지배와 피지배'가 없는 대동 세상을 확신하였다. 날치는 현실의 바다를 몰랐고, 꿈의 바다를 믿었다. 잡힌 물고기가 차가운 콘크리트 바닥에서 퍼덕거리다 죽는 것을 목격한 뒤부터, '고도를 기다리는' 희망을 접었다. 어마어마한 "음흉한 것들"의 보이지 않는 손이, 바다 "구석구석 법망을 쳐놓고 먹이를 기다"린다는 사실에, 구토가 나왔다. 날치는 "돌고래나 만새기에 쫓겨 먹히지 않으려고, 물을 박차고 공중에 뛰어올라 우연히 활강하기 전까지," "한낱 소시민이었다." 순진하게도 아무리 사회가 위험할지라도, 외로운 사람들끼리 살을 비비고 얼굴을 맞대면, 인간다운 세상이 열릴 줄 알았다. 우연히 '날치'는 "솟구쳐 오른 자者에게만 보이는 희한한 물 밖 자유 세상."을 한 번 보곤 생각이 바뀌었다. 그때까지 굳게 믿었던 국가와 체제가 얼마나 허구였는지를 깨닫게 된다. 소시민 날치는, "사회적 동물에서 정치적 동물로"(한나 아렌트, 1906~1975, 독일 철학자) 목표를 바꿨다. 그날부터 부당한 공권력에 대항해 '시민 불복종' 운동을 부르짖었다. 우리의 날치는, 서로가 서로에게 "스크럼을 짜고 물의 저항을 거스르며, 푸른 하늘"이 있다고, 새벽마다 사회를 향해 외쳐대었다. 그러나 '밖'을 튀어 나간 자들은 요주의 위험 인물 대상이 되었고, "쥐도 새도 모르게 군함새"에게 잡아 먹혔다. 그때부터 그 어떤 '날치'도 자유를 부르짖지 않았다. 아무리 국가가 억압하여도, 소시민의 "눈"과 "귀"를 틀어 "막"아도, 모두 모른 척 외면하였다. 그러나 자유를 경험한 그 '날치'만은 달랐다. 이 세계가 얼마나 병들어 있는지를, "무작정" "하늘" 밖으로 "솟구쳐 올라" 외쳐대었다. 그렇다. 시인은 시대가 위급하면, 선봉에 서서 야만의 역사를 고발하는 자이다.

손끝에서 우는 슬픈 섬

> 너는 여지껏 손가락만 지졌구나 // 흰 파도 긋고 가는 바랑 멘 스님 한 척 // 노을은 번져 남해 금산 불경인데, // 젊은 여자는 법당 앞에 절만 한다
>
> ―「보리암」 전문

남해 기행을 하다, 그 봄날 미륵산(461m) 신선대에 올라 바라본 통영항은 한 폭의 그림이었다. 하늘과 바다는 온통 블루였다. 나는 산꼭대기에서 점점이 흩어진 한려수도를 처음 보았다. 한국의 나폴리로 불릴 만큼 아름다웠다. 섬과 섬 사

이 이어진 다리와 남해 수평선은 비현실적으로 느껴졌다. 그 반짝이는 신비로운 쪽빛 바다는, 섬의 여백을 통해 오히려 예술미의 절경이 되었다. 내 눈을 스쳐 간 모든 풍경은 내 것이었다. 한 백 년 비스듬히 바위에 기대어 넋 놓고 '섬과 수화手話'를 하고 싶었다. 병病에 끄달려 '나는 참 잘못 살았구나'라고 자탄自嘆하였다. 그러자, 갑자기 저 깊은 내 바다에서 울음이 솟구쳐 올랐다. "슬픈 귀머거리"의 "슬픈 그림자"가 된 것처럼, 그 아름다운 풍경 앞에서 한없이 초라하였다.

    슬픈 귀머거리는 슬픈 그림자가 있네. 그 아침 동백꽃에게 다가가, 그녀는 붉은 손가락을 펴 무어라 혼자 수화를 하네. 바람과 바람 사이, 꽃잎의 입술을 더듬네. 그 순간, 바다가 들썩였네. 막힌 울대에서 이상한 물 울음소리를 냈네. 슬픈 귀머거리는 슬픈 그림자가 있네. 손끝에서 우는 슬픈 섬이 있네.
―「섬과 수화」 전문

오랫동안 그 산정에 앉아 눈앞에 펼쳐진 그대로의 형形과 상象을 즐겼다. 심미審美는 바다와 섬의 공간과 시간을 휘게 하였다. 바다의 표정이 꼭 바다의 마음은 아니라 할지라도, 한마디라도 놓치지 않으려고, 나는 그 섬의 "입술"을 뚫어지게 쳐다보았다. 보이는 세계가 실재가 아니라 할지라도,

그 순간 바다는 매혹적이었다. "붉은 손가락을 펴 무어라 혼자 수화"하는 봄바람처럼, "동백" "꽃잎의 입술을 더듬"었다. 마치, 산의 눈으로 섬을 내려다보는 것처럼, 나는 뼈저리게 외로웠다. 섬은 내가 한때 사랑한 그 처녀의 눈빛과 닮아 있었다. 내 얼굴을 만지며, 알 듯 모를 듯 붉게 번지던 그녀 미소 같았다. 그만큼 그 섬은, 고요 속에 움직이는 미美의 극지였다. "슬픈 귀머거리"의 "슬픈 그림자"처럼, 나는 "손끝에서 우는 슬픈 섬"을 풍경 속에 매달아 주었다. 누구에게도 말 못 할 그 섬의 통곡을 안아주고 싶었다. 들썩이며 흐느끼던 물결의 가녀린 어깨를 감싸주고 싶었다. 너무 아파 심이心耳로만 들렸지만, 그 봄날 천명을 받은 것처럼 내 언어의 뼈와 살을 시적 영감靈感 속에 오롯이 새겨 넣었다.

울릉도 풍경 하나

스물아홉 겨울과 초봄 사이, 나는 등산가의 안내를 받아 울릉도 도동 루트를 타고 성인봉聖人峯(986.7m)을 올랐다. 흰 눈이 쌓여 있었지만, 날씨가 맑아 산 능선을 오르면서 뒤쪽을 내려다보니, 흰빛에 반사된 일망무제一望無際의 겨울 바다가 환상적이었다. 산 정상에서 본 폭설에 덮인 나리분지와 계곡마다 바다로 이어진 울릉도는, 물 한가운데 홀로 떠 있는 유토피아 같았다. 그리고 삼십삼 년이 흐른 갑진년 가을 백천白川 서상언 수묵화가의 초대로 섬을 일주하였다. 울릉도는 '바다의 소금이 먹여 살린다'는 말이 옳았다. 시시각각 변하는 날씨는, 높은 파도를 몰고 와 바위 너머 산 능선에 물보라를 뿌렸다. 섬은 온통 타악기에 맞춰 춤추는 무희처럼 보였다. 4박 5일간의 시중유화詩中有畵 화중유시畵中有詩의 예술 대담은, 평생 기억에 남을 만한 공부였다. 망망대해를 바라보며 백천과 나는 갑판 위에 앉아, 항구에 도착하기 전까지 동·서양의 명화들과 명시들에 대한 화론과 시론을 펼쳤다. 저동항은 활기찬 신항구로 절벽 위에는 경비행장 공사가 한창이었다. 거대한 석봉石峯이 바라다보이는 '울릉 천국' 앞쪽에 여장을 풀었다. 마을 뒤쪽의 기암괴석으로 둘러쳐진 열두 봉우리는 장관이었다. 굽이굽이 동백 숲을 돌아 찾아간 절벽 위의 대풍감 정경은 비경이었다. 바다와 맞닿은 수십 리 펼쳐진 해안선 주상절리는, 입이 딱 벌어졌다. 넘실대는 파도와 푸른 하늘이 파노라마처럼 이어졌다. 무어라 형언할 길 없는 시정詩情과 영감靈感이 벅차올랐다. 나는 그곳에서 아무도 쓴 적이 없는 시를 쓰리라 바다에 맹세했다. 울릉도 섬 일주는 태초의 한 폭 아름다운 수묵화 위를 달리는 듯했다. 코스모스 리조트 카페에서 커피를 마시며 올려다본 송곳봉(452m) 해안 절벽은, 가히 불후의 명시였다. 나리분지에서 타고 흘러 내려온 계곡 폭포는 꺾여 수직으로 떨어졌다. 붉은 저녁노을과 순간순간 변하는 바다 색조는, 모든 존재의 소멸인 동시에 생성이었다. 백천이 왜, '하늘이 나에게 준 소명을 받들어, 점點을 찍고 선線을 치다 죽겠다'고 화가로서 천명하였는지를, 그의 화론을 들으면서 긴히 요해了解 되었다. 그에게 섬 스케치는, 법고法古에서 창신創新에 이르는 수묵의 고행, 고행의 수묵화였다. 관음도, 삼선암, 석포 일출, 일몰 전망대, 코끼리바위를 둘러보고 오는 길에, 북면 현포리와 서면 태하리 고갯길 팔각정 앞에서, 우연히 만난 청마 유치환柳致環(1908~1967, 경남 통영 출생)의 「울릉도」(시집 『울릉도』, 1948, 행문사) 시비는 저리도 반가웠다.

　　동쪽 먼 심해선 밖의
　　한 점 섬 울릉도로 갈거나.

　　금수錦繡로 굽이쳐 내리던
　　장백長白의 멧부리 방울 뛰어,
　　애달픈 국토의 막내
　　너의 호젓한 모습이 되었으르니,

　　창망蒼茫한 물굽이에
　　금시에 지워질 듯 근심스레 떠 있기에
　　동해 쪽빛 바람에

항시 사념思念의 머리 곱게 씻기우고,

지나새나 뭍으로 뭍으로만
향하는 그리운 마음에,
쉴 새 없이 출렁이는 풍랑 따라
밀리어 오는 듯도 하건만

멀리 조국의 사직社稷의
어지러운 소식이 들려올 적마다
어린 마음 미칠 수 없음이
아아, 이렇게도 간절함이여!

동쪽 먼 심해선 밖의
한 점 섬 울릉도로 갈거나.

—유치환, 「울릉도」 전문

 잠시, 길가에 차를 세우고 나는 감회에 젖어 소리 높여 「울릉도」를 읊었다. 수미 쌍관의 이 시는 청마의 남성적 기질이 그대로 행간에 드러난다. 만주에서 돌아와 1945년 광복 좌우 혼란 속에서 조국의 위태로운 사직社稷을 걱정하며 쓴 시이다. "절박한 애국적 충정이 동해의 고도인 울릉도를 빌려 토로"(문덕수)하고 있다. 지식인의 고뇌와 당대 현실을

"애달픈 국토의 막내" 울릉도에 깊이 감정이입 하였다. 종결형 어미 "~ㄹ거나"에서 보이듯, 화자의 심리 상태는 관념적이자 낭만적이다. 벗어날 수 없는 안타까운 현실의 한계를 직시한다. "장백長白의 멧부리 방울 뛰어" 만들어진 "국토의 막내" 울릉도는 활유법의 백미이다. "사념"은 "쉴 새 없이 출렁이는 풍랑 따라 / 밀리어 오는" 급박한 어조에 실려, 참담한 역사의식을 표출한다. 백천과 나는 믹스커피를 마시며 청마의 바다를 음미하였다. 그리고 대표 시 「행복」에 대해 한동안 이야기를 나눴다. 예술가에게 '사랑'과 '이별'은 언제나 제일의 주제이다. 연시戀詩는 애틋한 가슴을 통해 서로를 공유하고 사유한다. 끊임없는 갈등과 긴장의 충돌 속에서 '비밀의 창'을 엿보게 한다. 연정을 좇다 사랑에 갇힌 열렬한 사모의 불길은, 세기의 로맨스가 되었다.

　―사랑하는 것은
　사랑을 받느니보다 행복하나니라.
　오늘도 나는
　에메랄드빛 하늘이 환히 내다뵈는
　우체국 창문 앞에 와서 너에게 편지를 쓴다.

　행길을 향한 문으로 숱한 사람들이
　제각기 한 가지씩 생각에 족한 얼굴로 와선

총총히 우표를 사고 전보지를 받고
먼 고향으로 또는 그리운 사람께로
슬프고 즐겁고 다정한 사연들을 보내나니.

세상의 고달픈 바람결에 시달리고 나부끼어
더욱더 의지 삼고 피어 헝클어진
인정의 꽃밭에서
너와 나의 애틋한 연분도
한 방울 연연한 진홍빛 양귀비꽃인지도 모른다.

—사랑하는 것은
사랑을 받느니보다 행복하나니라.
오늘도 나는 너에게 편지를 쓰나니
—그리운 이여, 그러면 안녕!

설령 이것이 이 세상 마지막 인사가 될지라도
사랑하였으므로 나는 진정 행복하였네라

—유치환, 「행복」 전문

처음 내가 『사랑했으므로 행복하였네라』(1983, 중앙출판공사)를 읽은 것은, 스물둘이었다. 뒤표지에 실린 「행복」을 읊자마자, 내 붉은 심장은 '사랑의 불길'로 휘감겼다. 그 밤부터 나는 정운T芸과 청마靑馬의 러브 스토리에 빠져 포로가 된다. 둘의 로맨스는 운명적이었으며, 숭고하고 아름다웠다. 갈증과 애증의 불길 속에서 서로가 서로를 갈구하였다. 청마가 정운(이영도 시인, 1916~1976 청도 출생)에게 바친 20년간 오천여 통의 열렬한 구애의 편지는, 세계 시사詩史 속에서도 그 유례를 찾기 힘든 일이다. 죄와 윤리, 사회의 싸늘한 시선과 상상을 뛰어넘는 초월적 사랑의 승화였다. 이백여 통의 서간을 정운 여사가 추려 출간(1967년 초간본)하였다. 이 책은 "청마의 인간사이자 애정사이며, 나아가 청마 문학의 절정"(최계락)이다. 1945년 해방되던 그해 여름, 청마(당시 37세)는 고향인 통영여중의 국어 교사로, 가을엔 정운(당시 29세)이 가사 교사로 부임해 왔다. 청마는 가정이 있는 유부남이었고, 정운은 젊은 미망인이었다. 단아하고 고운 정운에게 청마는 첫눈에 연모하게 된다. 애석하게도 청마 문학의 정수였던, 그 당시 정운에게 보낸 연서는 6·25 때 불타버렸다. 피란을 거치면서 청마와 정운의 사랑의 목마름은, 둘을 '순수한' 플라토닉 러브 Platonic love로 승화된다. 책 서문에 실린 청마의 정운에 대한 애절한 「그리움」의 시는 절창이다.

"파도야 어쩌란 말이냐 / 파도야 어쩌란 말이냐 / 임은 물같이 까딱 않는데 / 파도야 어쩌란 말이냐 / 날 어쩌란 말이냐."

현실에서는 결코 이루어질 수 없는, 정운에 대한 청마의 뜨거운 사랑이 절규처럼 들린다. 사람이 사람을 사랑한다는 것은 결코 죄가 아니다. 시인은 날마다 "에메랄드빛 하늘이 환히 내다뵈는 / 우체국 창문 앞에"서 정운에게 연서를 띄웠다. "―사랑하는 것은 / 사랑을 받느니보다 행복하나니라." 사랑에 빠진 한 남자의 행복이 이토록 아름다울 수 있을까. 사랑은 받는 것보다 주는 것에, 진정한 행복의 가치가 있나 보다. '너'를 향한 '순결한 사랑'을 「행복」은 수미 쌍관을 통해 울림을 극대화하고 있다. 어쩌면 이승에서 "너와 나의 애틋한 연분"은 "한 방울 연연한 진홍빛 양귀비 꽃인지도 모른다." 청마에게 사랑은 구원의 길이자, 영혼을 정화하는 구도에 비견된다. 1953년 《문예》에 발표된 「행복」은, 한 남성이 어떻게 한 여성을 사랑하다 가야 하는지를 읊은, 이 시대 편지 문학의 마지막 보물이다. 「행복」은 밀물과 썰물로 한없이 주고받는, 바다와 섬의 끝없는 사랑의 밀어에 비견된다. "어느 세상과도 바꿀 수 없다."던, 그 귀한 정운의 어룽진 가슴속에, 청마는 아편처럼 황홀한 시어를 붉게 적셔 시로 새겼다. 내가 이 시를 소개하는 까닭은, 마음의 문을 닫고 외롭게 바삐 살아가는 현대인에게 작은 '행복'을 주고 싶기 때문이다. 청마는 일생 동양적 '허무의 세계를 극복'하려는, '원시적 생명 의지'를 노래하였다. 「깃발」, 「바위」, 「생명의 서」, 「일월」등에서 보인 거친 호흡과 급박한 운율, 남성적 어조는 격정적이다. 1967년 2월 13일, 밤 9시 30분 부산 좌천동 도로 길에서, 명신여객 소속 84번 버스에 치여 불귀객이 된 청마 유치환. 그를 떠나보내고 쓴 정운의 애절한 조시弔詩 「탑」은 감동과 여운을 남긴다. "너는 저만치 가고 나는 여기 섰는데……. / 손 한 번 흔들지 못한 채 돌아선 하늘과 땅 / 애모愛慕는 사리舍利로 맺혀 푸른 돌로 굳어라."

울릉도 풍경 둘

햇살이 창가에 비친 아침나절 백천은, 적묵을 듬뿍 붓에 찍어 난을 치고 있었다. 곡선은 해풍에 젖어 적막했다. 장법은 기괴했고 꺾인 붓은 예서의 필의가 느껴졌다. 서법으로 단련된 그의 화경畵境을 눈앞에서 보는 전경은, 시가 태어나는 순간처럼 긴장되었다. 그림도 서예도 아닌 그 붓놀림은, 뼈 깎는 실험처럼 보였다. 꽃대는 절조가 있었고 망울은 반쯤 향을 머금었다. 속으로 나는, '추사의 「불이선란도」를 염두에 둔 걸까?' 물어보려 했지만, 결례인 것 같아 입을 다물었다. 전에 보지 못한 난의 필세는 고졸한 격조를 띠었다. 세상에 실재하는 난이 아니라, 백천의 정신 속에 구불구불 그려가는 심의心意 같았다. 분명, 뜻이 붓보다 먼저 가고 있었다. 미려美麗한 먹빛은 서권기書卷氣에 스며 질박質樸하였다. 이렇듯 수묵은, 흑黑을 밀어 넣어 백白을 드러내는 발묵을 취한다. 서법은 법法 안에도 밖에도 있다. 지극을 움직여 붓과 몸이 한 몸이 될 때, 상극을 뚫고 상생에 도달한다. 하여, 서예술은 필묵과 종이의 갈등이 아니라 태극의 조화요, 음양의 율려이다. 삼라만상은 그 자체가 붓이요, 리듬이다. 동양 서예는 정중동靜中動의 예술혼이다. 필법을 통해 그 의경意境과 시의詩意를 공간에 풀어내는 미학이다. 여백에 제발題跋, 인장印章, 표구까지를 미美의 범주로 인식한다. 서예에서 전각篆刻은 '사방 한 치의 공간에 담긴 우주'로 명명된다. 성명인姓名印을 음각한 경우에는, 아호인雅號印은 양각하여 나란히 찍어 음양 조화를 꾀한다. 붉은 인주가 묻은 '낙관'은, 흑백 대비와 함께 얼마나 아름다운가!

비가 내렸다, 개었다, 궂어, 독도에 가는 것은 포기하였다. 점심을 먹고 오후 무렵, 억새가 흐드러진 늧가을 나리분지를 우리는 호젓이 걸었다. 태고의 비밀을 간직한 그 울창한 수림樹林은 산책길로는 최고였다. 깃대봉까지는 가지 못하였으나, 둘은 적막과 고요 속에서 주거니 받거니 예술론을 펼쳤다. 화가에게 붓이 몸이라면, 시인에게 시는 당대의 심안心眼이다. 시서화는 현실을 관입貫入하는 정신의 요체이자 서로 다른 이름이다. 예술은 미치지 않으면 미치지 못한다(不狂

不及). 백천의 붓이 정격을 치고 나온 파격이라면, 나의 시는 대상과 주체를 알레고리로 구조화하는 것이다. 매 전시회마다 백천이 보여준 놀라운 안목과 물성의 처리 방식, 압축과 대담한 생략, 장대한 스케일 등은 정말이지, 독보적이다. 나는 대상을 겹쳐 바르는 한지의 적묵법에 대해 물었고, 백천은 적묵의 대가인 중국의 이가염(1907-1989, 중국 중앙미술학원 교수)과 경주의 소산 박대성(1945~ , 경북 청도 출생)의 화업을 높게 평가하였다. 그 두 분의 수묵 대작에서 보여준 윤곽의 생동성과 디테일, 적묵積墨과 초묵焦墨, 묵선과 여백의 미학적 공간분할, 대담한 구성을 찬탄하였다. 나는 시는, 천문天文과 지문地文, 인문人文을 통섭할 때, 신묘를 얻는다고 말한 것 같다. 백천과 나는 숲을 빠져나올 때까지, 시법과 필법이 둘이 아님에 합일하였다. 그 아름다운 예술의 향기는, 훗날 내 시혼에 「울릉도」란 "신방新房"을 꾸며주었다.

바닷물 속에 붉은 신방新房이 있었네

나는 한 마리 물고기였네

대풍감 동백꽃 숲 너머 수평선 달이 뜨면

그녀는 물 우는 소리로 유혹하였네

산호를 지나 하늘대는 해초海草를 지나

송곳바위 그 아찔한 절벽에 다다랐을 때,

두 팔로 온몸을 칭칭 감아버렸네

사랑은 아가미로 숨 쉬는 거라고 말했네

밀물과 썰물은 성인봉 산안개로 가려버렸네

그녀의 입술은 물속 노을이었네

내가 다 먹어버린 붉은 입술이었네

―「울릉도」 전문

 언어는 내가 아니지만 또 다른 나의 분신이다. '물고기'를 '나'로, '울릉도'를 신부로 은유하였다. 어릴 때 나는 한 소녀를 따라다니며, 바닷속 세상을 신비롭게 보았다. 마치, 그 애는 동화 속 인어처럼 몸놀림이 새끼 노래미 같았다. 물속 "산호"와 "해초"를 자기 방처럼 하늘거리며 다녔다. 겁보인 내게 물속 풍경은, 시간과 공간이 사라진 이상한 세계로 느껴졌다. 갑자기 사라졌다 나타나는 사차원처럼, 물속은 기묘하였다. 빛과 형태의 굴절은 물속에서 더욱더 심하게 일그러졌다. 동시에 어떤 불안감이 몰려오곤 하였다. '만약 내가 물고기로 변하면 어쩌나', 그런 유치한 상상이었다. 피부가 까무잡잡한 그 여자애는, 미역 근처나 바위 밑에서 고둥과 전복도 곧잘 잡거나 캐냈다. 정말 헤엄치는 두 다리는 지느러미 같았다. 이따금 뭍에서 소녀는 한 손을 물속에 넣고, 다른 한 손은 귀를 말아 바다의 소리를 듣는다고 하였다. 왜 그때, 그 애가 그런 행동을 했는지는 모를 일이지만, 바다를 떠날 때까지 열두 살 나는, 그 짓을 열심히 따라 하였다. 여행 내내 나는 '울릉도'가 꼭 그때 그 소녀처럼 느껴졌다. 언어의 껍질을 벗고 나와 처녀가 되어, 바다 밖의 섬이 된 듯하였다. 하여, 나는 신랑 '물고기'가 되어 그녀의 바다에 "신방新房"을 차려주고 싶었다. "대풍감 동백꽃 숲 너머 수평선" 위에 "달이 뜨면", 밤마다 "그녀는 물 우는 소리로" 나를 "유혹하였"다. "산호를 지나 하늘대는 해초海草를 지나", "송곳바위" 밑 그 물속에 다다랐을 때, 그녀는 "두 팔로" 내 "온몸을 칭칭 감아버렸"다. 그렇다. '울릉도'는 아름다운 내 첫 여자의 향기가 났다. "사랑"의 "아가미로 숨"을 쉬며, 나는 "노을" 속에서 영원히 잊지 못할 키스를 퍼부었다. 아마 어둠이 나를 막지 않았다면, 나는 바다를 보며 그녀의 "붉은 입술"을 다 "먹어"버렸을지도 모른다.

한라산

우연히 헌책방에서 만난, 화가 강요배(1952~ , 제주 출생)의 제주 4·3 역사 화첩 『동백꽃 지다』(1998, 학고재)는 충격적이었다. 화첩을 넘길 때마다 제주가 겪은 비극을 시각적 구성과 묘사를 통해 잘 보여주고 있다.

"종이에 펜과 붓, 목탄 등으로 그려진 서정적인 흑백의 데생 작업으로 시간적 순서대로 사건의 추이를 따라가다가 마지막 부분에 이르러 원색의 대형 유화로 마무리되는 57작의 이 연작은 흑백의 작은 화면과 원색의 대형 화면 간의 강렬한 콘트라스트라든가, 또는 펜화의 날카로운 세부나 목탄의 섬세하고 부드러운 묘사, 유채의 거칠고 두꺼운 터치의 대비를 통해 '4·3 항쟁'의 비극적이고도 유장한 구조를 압축적으로 형상화하고 있다. … 이 같은 구성적 특징과 터치 색채가 지닌 회화적 개성은 바로 그의 작업을 상투적인 역사화와 구별시켜주는 점으로서, 낱낱의 작품들에 생명력을 불어넣고 있다. 연작 전체, 그리고 그림 하나하나는 단순히 과거 사건에 대한 시각적 '설명'이 아니다. 그 그림을 채우고 있는 까칠까칠한 펜과 붓의 터치 그 자체가 당대의 척박했던 물질적 조건과, 그럼에도 불구하고 삶의 두께를 간직했던 당대 민중의 삶과 정서를 힘겹게 더듬어나가는 과정을 생생하게 보여준다."(심광현 미술평론가, 「화폭에 담긴 제주 민중의 투쟁과 한」, p.139)

강요배의 『동백꽃 지다』 속의 작품들은, 그때까지 내가 본 다른 명화들과는 확연히 달랐다. 70년대의 민중시를 보는 듯하였다. 투박하고 거친 민중과 역사의 소용돌이를 겪은 그 화폭 속 통곡은 심장이 아팠다. 동족이 동족에게 자행한 잔혹을 형상화한 「24. 고문」, 「26. 겁간」은, 펜과 목탄의 섬세한 흑백 음영으로 인해 신음呻吟이 들렸다. 화가의 역사관이 첨예한 「30. 죽창을 깎다」, 「33. 공격」은, 민중 항쟁의 섬뜩한 비장미를 보여준다. "군 소개 작전—태워 없애고, 굶겨 없애고, 죽여 없애는 삼광三光·삼진三盡 작전으로 중산간의 거의 모든 마을이 불에 타 잿더미로 변한" 공포에 쫓긴 민중을 회화로 그린 「41. 천명」은, 처참하다. 캄캄한 어둠과 강렬한 불길의 대비는, 강요배 내면의 음산함이 그로테스크하다. 화첩의 절정은 「44. 붉은 바다」와 「45. 광풍狂風」이다. 전자가 오름 위에 붉게 물든 한라산을 피로 물들였다면, 후자는 인간의 광기가 어디까지인지를 묻게 한다. 바닷가 절벽 아래 죽은 시신을 노려보는 한 마리 까마귀와 그 시체를 뜯어 먹으려고 날아오는 수천 마리의 까마귀 떼는, 강요배의 동족상잔에 대한 절규로 보인다. 물론 제주 4·3의 희생자를 승화시킨 「49. 동백꽃 지다」는, 이 화첩의 슬픈 얼룩이다.

　내가 강요배를 좋아하는 까닭은, 그의 심연에 제주의 「깊고 깊은 바다 밑」(2015)과 역사에 대한 비극적 미학이 내재해 있기 때문이다. 『동백꽃 지다』 화첩을 수백 번 독화讀畫하는 동안, 갑자기 나는 그때 억울하게 희생된 제주도민(1994~1995년, 제주도의회 4·3특별위원회 조사 결과 1만 4천5백여 명 희생자)의 통한痛恨을, 「한라산」을 통해 풀어주고 싶었다.

오, 뭍이여!

나는 너희가 배반한 유배의 섬

바다 위 홀연히 솟아올라 장엄하구나

오, 미쳤구나! 이 밤 백록담 술항아리 들이켜,

철쭉꽃 피를 먹고 중산간 피어나

오름에 뜬 저 보름달 마구 마구 두드려라

성산포 물안개에 허우적대는

귀면鬼面들아!

중모리 중중모리 휘모리장단에

얼쑤 좋다, 얼쑤 좋다, 추임새를 넣으면

동굴 속 묻힌 귀鬼들아, 불에 타 죽은 귀鬼들아!

몸 열어라, 산 열어라

정방폭포 벽공 뚫고 피를 뱉으라!

오, 보인다 들린다 이어도가 보인다

두둥, 두둥, 둥, 둥, 두둥,

한恨이 열린다, 수평선이 열린다

제주 4·3 피바다 월문月門이 열린다!

―「한라산」 전문

 죽음을 바라본 한라산은 두 눈에 핏발이 섰으리라. 그때 그 산간 어둠 속에서 불타던, 수 백의 아방과 어멍을, 하르방과 할망을, 제주섬은 똑똑히 목격하였으리라. 억울하게 다랑쉬오름 그 흙구덩이에 묻힌 여자의 머리카락도 기억할 것이다. 심장 근처 총구멍이 난 흥건한 핏물에 고인 어린 똘(딸)도 보았으리라. 무더기로 묻힌 억울하게 죽어간 '귀鬼들'의 곡성을 들었으리라. 하여 '한라산'은 취무醉舞를 추며, 그 "밤 백록담 술 항아리"를 독째 들이켰으리라. 까악 까악 까악, 그 죽은 시신의 눈알을 파먹던 까마귀 떼들의 퍼덕거림은 음산하였으리라. 이런 연유로, 나는 '한라산'의 비극적 역사의 행간을 명창名唱과 고수鼓手를 등장시켜 호곡하고 싶었다. 골짜기 골짜기마다 귀기가 서린, 그 오름과 오름의 비통을 그리고 싶었다. 숨겨진 역사의 비극을 고발하고 싶었다. 벌컥, 벌컥, 들이켜고, 또 들이켜는 한라산의 억울한 목울대를, 술로 축여주고 싶었다. 빨갱이로 몰린 중산간 토산리 주민들의 학살을, 남원면 위미 마을과 구좌면 세화 마을에서 불타 죽은 그 원혼들의 한恨을, "두둥, 두둥, 둥, 둥, 두둥," 북소리 속에 풀어주고 싶었다. 하여, 나는 시가의 독특한 감정과 리듬을 제주 바다의 밀물과 썰물로, 끊었다 이어졌다 구부렸다 폈다를 반복하였다. 아비규환의 총살 현장을 행간에 생생하게 스며들게 하였다. 밤마다 "철쭉꽃 피를 먹고 중산간 피어나 / 오름에 뜬 저 보름달"을 한라산 머리 위에 환하게 비춰주었다. 좌우가 뭔지도 모르며 죽어간 민초들의 처절한 투쟁을 "성산포 물안개"로 감싸주고 싶었다. 끝까지 고래고래 목청을 뚫는 한라산을 빌려, 제주

4·3 피바다 수평선 위에 평화의 달덩이 하나 걸어두고 싶었다.

동백꽃 지다

성산 일출봉에 올라 강요배의 바다를 오래 바라다보았다. 사방이 탁 트인 그 바람의 절벽. 아니, 하늬바람의 차가운 해풍은 어디서 불어오는가. 수평선 위에 핀 그의 동백꽃은, 살아남은 자의 슬픔으로 흔들리고 있었다. 강요배는 어느 인터뷰에서 화가는 "바람 속으로 걸어 들어가는 것, 바람 속에서 사는 게 더 중요"하다고 밝힌 바가 있다. 제주 바다는 4·3의 피비린내를 다 씻어주었다. 강요배의 화폭 속 바다는 심연이었으며, 죽은 자들을 위해 우는 곡비哭婢였다. 나는 국가폭력에 맞서 시대의 불의에 항거한 그의 예술 정신을 높이 산다. 「동백꽃 모가지」는 4·3의 원혼들에게 바치는, 나의 비가悲歌이다.

동백꽃 모가지 하나 수평선 보고 고꾸라지네

동백꽃 모가지 둘 절벽 아래로 고꾸라지네

탕, 탕 탕, 탕 탕 탕, 타앙, 탕!

동백꽃 모가지 셋 성산 일출봉 아래 고꾸라지네

그 새벽 포승줄 묶인 캄캄한 등짝, 무더기로

무더기로, 무더기로 고꾸라지네

핏물 고인 제주 오름 구덩이 속에

붉은 노을 돌아와 고꾸라지네

동백꽃 붉은 모가지 무더기로 고꾸라지네
―「동백꽃 모가지」 전문

  민중예술은 당대의 산물이다. 그것을 이해하는 데는, 시대적 상황 파악이 우선이다. 어떤 역사적 투쟁 속에서도 부조리한 세상을 향해 'STOP'이라고 외치는 사람이 예술가이다. 인간이 인간인 이유는, 아닌 것에 대해 'NO'라고 말할 때 고귀하다. 역사의 아픔은, 우리 내부에 늘 꿈틀거리며 비집고 올라온다. 그것은 과거인 동시에 현재이며, 현재인 동시에 미래이다. 단절이 아니라 리듬이며, 운동이며, 국가의 정체성에 닿는다. 인간의 생존은 그 자체가 목적이다. 비극 시의 본질은 불편한 것을 발언하는 것이다. 시는, 혼돈과 모순이 뒤엉킨 행간 속에서 직시하는 눈[眼]이다. 시인은 눈과 마음이 전부다. 「동백꽃 모가지」는 이념의 광기에 대한 나의 패러독스다. 사실을 통해 불안을, 진실을 통해 모호함을 "동백꽃 모가지"와 "고꾸라지네"를 통해, 인간 허구를 까발렸다. "탕, 탕 탕, 탕 탕 탕, 타앙, 탕!" 그 총구로, 이데올로기의 가면을 쏘고 싶었다. "핏물 고인 제주 오름 구덩이 속에" "무더기로, 무더기로" 묻힌, 그 억울한 민중의 원혼을 '동백꽃 모가지'를 통해, 역설의 시법으로 따뜻이 품어 주고 싶었다. 시의 실재는 무엇이며 어디에 있는가?

에필로그—다시, 나의 바다로

> 해당화가 노을을 죽일 때, 알아챘어야 했네 // 그쪽으로 가는 것이 아니었네 // 목을 그은 붉은 고래여! // 언어를 살해하라 // 그리고, 그리고 모래 벌이여! // 노을이 해당화를 죽일 때, 알아챘어야 했네
>
> —「고래와 시詩」 전문

바다의 말과 인간의 말은 같기도 하고 다르기도 하다. 접

힌 물결은 반드시 펴지게 마련이다. 언어의 행과 연 역시, 열고 닫는 주름의 방식이다. 시는, 사물 이전과 사물 이후의 연결 고리다. 바다의 어조는 시적이자 반시적이다. 끝없는 반복을 통해 창조한다. "천지는 늘 변하지만 이치는 간단하고 단순하다.(易簡) 천지는 늘 멈춘 듯해도 변하고 바뀐다.(變易) 천지는 늘 변하지만 그 변한다는 것은 바뀌지 않는다.(不易)"(주역) 시는 절대를 버릴 때 바다를 얻는다. 나의 바다는 그 자체가 판타스틱fantastic하다. 사물과 언어, 주관과 객관이 끊어진 자리가, 열두 살 나의 바다다. 과거의 바다도, 현재의 바다도, 미래의 바다도 아니다. 오로지 나의 바다는, 나의 바닷속에서만 산다. 빛이 어둠의 부재이듯, 나의 바다는 언어의 부재이다. 극한까지 치밀고 들어간 허구의 바다, 실재의 바다이다. 내게 우주는 언어이자 비언어이다. 하여, 내 언어와 언어 사이에는 위험한 크레바스crevasse가 있다. 그 어디에도 내 바다는 머물지 않는다. 내 바다는 "이것이 있으면 저것이 있고(此有故彼有), 이것이 생기면 저것이 생긴다(此生故彼生)." 하여 그 바다는 "이것이 없으면 저것이 없고(此無故彼無), 이것이 사라지면 저것이 사라진다(此滅故彼滅)"(『잡아함경』 13권, 355) 언제나 나의 바다는 나의 중심이다. 무無다. 시간의 서랍 속에서 꺼낸, 열두 살 기억 속에 찍힌 「꼽추 누이」와 「집어등集魚燈」 속의 미친 고모는, 추억의 중첩과 프랙털 구조를 띤다. 어쩌면, 그 시적 이미지는 기억의 깨짐과 생사의 균열에서 나온지도 모른다.

천천히 노을빛이 바뀌는 게 다 보였죠

누이는 그 곱사등에 혹등고래를 숨기고 살았죠

나만 보면 까까머리를 쓸어주며

하얀 알사탕을 한 개씩 쥐여 주었죠

밤마다 어느 바다로 가야 할지 몰라

그 누이는 물이 우는 소리를 내었죠

해무海霧가 밀려와 그녀를 감싸기 전까지,

곱사등은 붉은 해를 품고 살았죠

흰 눈이 무너져 내리던 겨울 수평선 위에

누이는 깜박깜박 밤 등댓불 너머

죽어서 슬픈 초승달이 되었죠

―「꼽추 누이」 전문

어릴 때 나는, 쉼없이 두 발과 양팔로 물살을 저으며, 동무들과 바닷물에 누워 파란 하늘 위로 흘러가는 뭉게구름 구경을 좋아하였다. 둥싯둥싯 떠가는 무수한 흰 구름이, 흩어지고 모이고 사라지는, 그 신기를 좋아하였다. 바다나 하늘은 내게 초월적 세계였으며, 무한대의 자유로운 상상력을 키워 주었다. 어쩌면, 나의 바다는 뮈토스mythos였는지도 모른다. 신성하고 감성적인 그 파랑의, 신의 언어였는지 모른다. 또래 아이들은 원시적 직관과 무의식의 원형 상징을 순수한 상태로 받아들였다. 문자 이전의 비밀스런 소리들이 귀에 들어와, 바다는 어린 우리의 정신을 지배하였다. 내게 바다는 '고향·집·길·자궁·우주'와 동일한 말이다. 초여름부터 늦여름까지 새까만 얼굴을 하고, 맨날천날 아무 생각 없이 헤엄치고 놀았다. 물속에서 두 눈을 뜨고 모랫바닥에 다가가 볼록볼록 숨 쉬는, 그 작은 조개를 손끝으로 파냈다. 자맥질하여 잡은 민들조개는 고무 방티에 담았다. 껍질이 두껍고 갈색 실금이 예쁜 삼각형의 그 조개를 여자애들은 비단조개라고 불렀다. 찌그러진 냄비를 바위 사이에 걸고, 잔솔 불을 피워 조개가 입을 벌릴 때까지 삶았다. 아, 뽀얀 조개 속살의 그 기막힌 맛과 바다 냄새를 잊지 못한다. 이따금 전복과 해삼을 잡으면 그날은 횡재한 기분이었다. 갯바위에 올라 형들과 다이빙을 하면, 정말 신나고 행복하였다. 노을 무렵 엄마들이 백사장 너머로 소리쳐 부르면, 마지못해 코딱지만한 집으로 저마다 종알대며 돌아갔다.

날마다 그 짓을 되풀이하였다. 여섯 살쯤이었다. 동네 골목은 형들의 구슬치기로 와글와글하였다. 나는 코를 흘리며 담장 곁에서 구경에 홀려 있었다. 형형색색의 그 아름다운 무지개 구슬은, 정말 세상에서 제일 고와 보였다. 그때, 고종 사촌 꼽추 누이가 어디에서 나타났는지, 내 작은 손바닥에 '하얀 알사탕' 하나를 꼭 쥐여 주었다. "천천히 노을빛이 바뀌는" 골목 귀퉁이에서, 나는 알사탕을 입에 물고 꼽추 누이를 '마냥' 쳐다보았다. 나는 그 누이가 "곱사등"에서 알사탕을 꺼내서 주는 것처럼 느껴졌다. 너무 어려 미처, 그 외로운 누이의 은유를 다 읽어내진 못했지만, 내겐 바다 색깔처럼 파랗게 보였다. "그 누이"는 사람이 많은 때를 피해서, 늘 그림자처럼 다가와 내 콧물을 닦아 주곤 하였다. 나는 지금도 그 불운했던 '꼽추 누이'의 죽음을 신화의 한 장면처럼 떠올리곤 한다. 아마 누이는 "밤마다 어느 바다로 가야 할지 몰라", 새벽마다 혼자 깨어 "물이 우는 소리를 내었"을 것이다. 대구로 전학 갈 때까지, 그 천사 누이는 "나만 보면 까까머리를 쓸어주며 // 하얀 알사탕을 한 개씩"

아이들 몰래 쥐여 주었다. 글을 쓰는 이 순간도, 그 누이의 고운 숨결이 고향 구계항 바닷바람을 타고 와 내 시혼詩魂을 감싼다.

 참 오래된 기억이 시집 『관해觀海』를 구상하면서, 다시 살아났다. 까마득히 잊어먹고 살던 내 무의식 속에서, 불현듯 사랑하다 '미친 고모'가 불쑥 튀어나왔다. 아홉 살 이전에 찍힌 희미한 고모 얼굴이 갸름한 턱선으로 그려졌다. "사랑은 죽음의 키스보다 더 달콤하다. 환희와 쾌락으로 심장을 뛰게 하는 사랑은 순수와 모순, 갈등과 욕망이 뒤엉킨 불의 언어다. 사랑의 시는 행마다 연마다, 귀를 열라, 가슴을 열라, 영혼을 열라 외친다. 이 세상 가장 불행한 사람은 첫사랑이 없는 자이다. 사랑은 길을 가다가도 느닷없이 온 우주, 온 생명의 힘으로 안겨 온다. 사랑은 '영대靈臺'. 태초로부터 들려오는 어떤 이의 비밀한 속삭임이다. 사랑은 질투와 광기의 누설이다. 때로는 상처와 용서의 방식으로, 때로는 떨림과 울림의 방식으로 압화 된다. 하여, 사랑은 몸의 공허와 외로움의 절절한 비가悲歌로 현시된다. 사랑은 이별의 독주毒酒를 마시고 홀로 건넌 망각의 강이다."(김동원, 『시집사리詩集思理』 발췌) 시 「집어등集魚燈」은 "오징어 배 타고 나가 / 수장된" 그 "앞집" 남자를 잊지 못해, "해당화 핀 수평선에 목을" 맨 고모 이야기다.

죽어야 사는 여자가 있었네

그 처녀 바닷물 위를 걷고 있었네

앞집 그 남자 오징어 배 타고 나가

수장된 다음 날,

열아홉 고모는 미쳐 갔네

밀려가는 썰물을 붙잡고

흑, 흑, 흑 맨발로 울던 고모

달빛에 고모는 한없이 모래 벌을 걷고 있었네

긴 머리칼은 늘어뜨린 채,

치렁치렁 검은빛 흔들거린 채,

열아홉 그 고운 고모는

해당화 핀 수평선에 목을 매었네

―「집어등集魚燈」 전문

  사랑에 미친 오필리아처럼, 고모는 혼자 중얼중얼하며 봉황산 골짜기를 헤매 다녔다. 따뜻한 봄날 고모는 내 작은 손을 잡고, 능선을 따라 핀 진달래꽃을 한 아름 꺾어 왔다. 곁에서 나는 미친 고모의 이야기를 들으며, 붉은 참꽃을 시처럼 잘도 먹었다. 사랑을 하다 미쳐버린 여자보다 더 아름답고 슬픈 시를 나는 여태껏 본 적이 없다. 고모는 늘 타오르는 번뇌의 불꽃을, 어떻게 꺼야 할지 몰라 불안한 영혼을 데리고 다녔다. 진실로 사랑을 구하고 원하면 온 우주는 우리를 도와준다. 고모는 담벼락의 작은 꽃에도, 하늘을 나는 새에도, 허공에 접신된 듯 그들과 끝없이 말을 주고받았다. 고모는 미친 후에 "죽어"서 사랑하는 남자와 인연을 맺었다. 동네 사람들이 봐도 아랑곳하지 않고, 모래 벌에 나와 앉아 하염없이 바다만 바라다보던 고모. 바다 위로 갈매기가 날아가면 손을 쳐들고, 무어라 무어라 외치곤 하였다. 작은집 평상에 앉아 무릎 위에 나를 눕히곤, 구름을 먹은 이야기랑, 천국에 가본 이상한 이야기를 들려주었다. 어쩌면 내 바다의 시는, 사랑에 미쳐 죽은 고모의 입술에서 흘러나온 신화인지도 모른다. 맨발로 바닷물 속에 들어가 "밀려가는 썰물을 붙잡고" 울부짖던, 그 고모가 한없이 그리워진다. "달빛에" "긴 머리칼"을 "치렁치렁" "늘어뜨린 채", 골목에 서서 바다를 향해 노래하던 그 고모. 망각을 건넌 그녀에의 기억은, 이승도 저승도 아닌 중음中陰의 세계였으리라. 어쩌면 우리가 보고 있는 이 세상도, 실재가 아닐지도 모른다. 하여, 시의 빛은 시인이 시를 쓰는 순간에만, 홀연히 영감靈感의 등불로 잠시 비춰주는지도 모른다.

김동원 시집

관해 觀海

ⓒ 김동원, 2024

초판 1쇄 발행 2024년 7월 30일

지은이　김동원
펴낸이　이은재

펴낸곳　도서출판 그루
출판등록 1983. 3. 26(제1-61호)
주소　　42452 대구광역시 남구 큰골 3길 30
전화　　053-253-7872
팩스　　053-257-7884
전자우편 guroo@guroo.co.kr

ISBN 978-89-8069-506-5

*이 책은 저작권법에 의해 보호받는 저작물이므로 무단 전재와 무단 복제를 금하며 이 책 내용의 전부 또는 일부를 이용하시려면 반드시 저작권자와 도서출판 그루에 서면 동의를 받아야 합니다.
*잘못된 책은 구입하신 곳에서 바꿔 드립니다.
*책값은 뒤표지에 있습니다.